Lieblings-plätze

SACHSEN

Lieblings-plätze

SACHSEN

GMEINER

RALPH GRÜNEBERGER

Autor und Verlag haben alle Informationen geprüft. Gleichwohl wissen wir, dass sich Gegebenheiten im Verlauf der Zeit ändern, daher erfolgen alle Angaben ohne Gewähr. Sollten Sie Feedback haben, bitte schreiben Sie uns! Über Ihre Rückmeldung zum Buch freuen sich Autor und Verlag:
lieblingsplaetze@gmeiner-verlag.de

Sofern nicht im Folgenden gelistet, stammen alle Fotos von Ralph Grüneberger: Brauerei Krostitz 19, 20; Joachim-Ringelnatz-Verein Wurzen 23; Harald Börner 52; TU Bergakademie Freiberg, Jörg Wittig 53; Museum Gunzenhauser / Kunstsammlungen Chemnitz 70; Lutz Zimmermann 97; Rainer Weisflog 98; Staatliche Kunstsammlungen Dresden, Foto: David Brandt 112; Staatliche Kunstsammlungen Dresden, Foto: Norbert Millauer 113; Dresdner Molkerei Pfunds GmbH 118, 119; Die Herrnhuter Sterne GmbH, Foto Jens Ruppert 140; Daniel Reiche 148, 149; Gerhard Weber, Grimma 179, 180, 181; Gemäldegalerie Alte Meister, Staatliche Kunstsammlungen Dresden, Foto: Elke Estel 187

QR-Code einscannen und kostenloses E-Book anfordern.

Besuchen Sie uns im Internet:
www.gmeiner-verlag.de

1. Auflage 2022

Im Ehnried 5, 88605 Meßkirch
Telefon 07575/2095-0
info@gmeiner-verlag.de

Lektorat/Redaktion: Anja Kästle
Herstellung: Julia Franze
Bildbearbeitung: Katrin Lahmer
Umschlaggestaltung: Susanne Lutz
unter Verwendung der Illustrationen von © sdCrea – stock.adobe.com; © SimpleLine – stock.adobe.com; © Trueffelpix – stock.adobe.com; © SG- design – stock.adobe.com; © askaja – stock.adobe.com; © Katrin Lahmer; © Benjamin Arnold, © Susanne Lutz; © GDJ – pixabay.com
Kartendesign: © Maps4News.com/HERE
Druck: AZ Druck und Datentechnik GmbH, Kempten
Printed in Germany
ISBN 978-3-8392-2626-1

WILLKOMMEN IN SACHSEN

Eine Liebeserklärung

Seien Sie begrüßt im Gastgeberland mit seinen Hunderten Burgen, Schlössern und Herrenhäusern. Einem Land, das in den vergangenen 50 Jahren das Wunder vollbrachte, den einst devastierten Boden der ausgekohlten Tagebaue in beliebte Seenlandschaften zu verwandeln. Im Verbund mit einer Vielzahl an Flüssen spiegeln sie de facto, wenn auch nicht immer real, die Schönheit des Freistaates Sachsen wider, der rings um seine Metropolen Chemnitz, Dresden und Leipzig mit weiten Feldern und Wiesen, Sandsteinbergen und gemischten Wäldern aufwartet. Fußläufige Städte, die jeweils ein Netz an Ortschaften umschließt, die ihrerseits zahlreiche Entdeckungen bieten.

Lassen Sie sich ein, verehrte Leserin, verehrter Leser, auf eine Stippvisite zu 50 von mir ausgewählten Lieblingsplätzen, die Sie zudem mit ebenso vielen Tipps verknüpft finden. All das ist ein Angebot, sich während dieser von Torgau nach Görlitz führenden Sachsentour weitere Orte zu erschließen. Dazu soll auch meine Betrachtung über das Brückenland Sachsen im zweiten Teil dieses Reiseführers beitragen. Dabei sei so manches Detail aufgezeigt und so mancher Hintergrund benannt. Brücken liebe ich ebenso wie Steine. Beider Physis und Seele gehören für mich zusammen. Als Kind besaß ich Anker-Stones und verband sie zu Brücken. Eine Inspiration, wie sie beispielsweise Jahrzehnte zuvor der bedeutende »Bauhäusler« Walter Gropius erlebte. Passenderweise führt unsere Tour gleich zu zwei Zeugnissen der Bauhaus-Ära in Sachsen.

Sprichwörtlich ist der mitteldeutsche oder spezieller noch der sächsische Erfindergeist und, um es zeitgemäßer auszudrücken, die Innovation, die den Menschen hier innewohnt –

seien es »Uhiessche«, wie der Erzgebirger zu Zugezogenen sagt, oder Ansässige, die sich vom kreativen Klima anregen ließen. Jedes Lexikon zählt sie auf, die Erfindungen, und auch auf unserer Tour de Saxe werden wir die eine oder andere Schöpfung vorstellen. Nicht von ungefähr konnte Martin Luther in diesem von Handel und Wandel geprägten Landstrich vor gut 500 Jahren Förderer und Unterstützer finden. Das Luther-Deutsch freilich zählt nicht zu den Färbungen, die die sächsischen Mundarten ausmachen. Jener »Schbrache«, die nicht selten zur Belustigung anderer herzuhalten hat. Obgleich seit dem Ende der Ära des in Leipzig geborenen, in Moskau geschulten und mit wenig Staatsmännigkeit ausgestatteten Staatsratsvorsitzenden Walter Ulbricht mehr als ein halbes Jahrhundert vergangen ist, wird das Sächsische nach wie vor medial »verhohnepiebelt«, wie der Sachse sagt. Einher geht damit eine Unterschätzung dieses Menschenschlags, der, Sie werden es erfahren, sowohl im Positiven als auch im Negativen ebenso markant ist, wie es für die Bewohner anderer Gebiete Deutschlands gleichermaßen gilt.

Die Albrechtsburg in Meißen beherbergte die erste Porzellanmanufaktur Europas

Die Zeit der gesellschaftlichen Divergenzen hält in Sachsen bis heute an. Und damit ist nicht nur Rühmliches zu nennen, was mitunter die Schlagzeilen bestimmt und unser großartiges Land kleinredet. Begriffe wie »Pegida« oder »Connewitz« sind Blinklichter fürs Rechts- oder Linksabbiegen, aber sie bestimmen nicht das Licht, in welchem ganz Sachsen steht. Gewiss, nach zwei Diktaturen gibt es nicht den ungetrübten, eitel Sonnenschein über den Flussläufen von Mulde, Elbe, Elster und Oder. Zählen doch zu Sachsen auch die überwundenen Trümmerlandschaften, die am Ende des »totalen Krieg[es]« standen und danach die sozialistische Mangelwirtschaft abbildeten. Und zu Sachsen gehört auch der Uranabbau durch die Sowjetische Militäradministration im Erzgebirge, der zu den von Ostdeutschland geleisteten Reparationen nach dem Ende des Zweiten Weltkrieges zählt. Erst 1990 wurde der Uranabbau beendet. Die letzte Lieferung eines in Silos eingelagerten Uran-Gemischs hat im Juni 2021 das Land gen USA verlassen. Zu Sachsen gehört auch die 1952 vollstreckte Gebietsreform, die das Aufgehen des Landes in Bezirke und den Verlust von Identität bedeutete und 40 Jahre später erst zu heilen begann. Und zu Sachsen gehört vor allem aber, dass im Herbst 1989 die Menschen, vornehmlich in Leipzig und Plauen, dem Herrschaftssystem der SED entgegentraten und über Wochen friedlich für eine Veränderung der Verhältnisse demonstrierten, in deren Folge die deutsche Teilung überwunden wurde.

Der Stolz, an dieser Veränderung beteiligt zu sein, soll die Atmosphäre für diesen Reiseführer bilden. Deshalb dominieren ihn nicht Geschichtsexkurse wie der in die Zeit Heinrich I., der nach dem Feldzug gegen die Daleminzier 929 im Slavenlande die Burg Meißen gründete. Das wird vielmehr als gesetzt angesehen. Stattdessen gehören nicht wenige der vorgestellten Lieblingsplätzen zu jenen, die nach 1990, also gut 1.000 Jahre später, in Sachsen entstanden sind. Das Gros bilden die, die sich trotz allem Verschleiß erhalten haben. Frappierend dabei ist, dass sie uns nach ihrer Sanierung völlig neu erscheinen, wie es nur gekonntes Handwerk vermag.

Neben seinen musealen Sammlungen von Kunst und meisterlichem Kunsthandwerk sowie seiner traditionellen Baukunst wird Sachsen seit Jahrhunderten jeweils durch zeitgenössische Malerei, Musik und Literatur geprägt. Das wiederum bereichert das Geschaffene und Bewahrte und bietet für den Besuch einen zusätzlichen Reiz, der es vermag, die Aufenthaltsqualität weiter zu steigern. Starten Sie Ihre Entdeckungstouren ins jeweilige Umland am besten von den Metropolen aus.

In seinem empfehlenswerten Kochbuch *Original Sächsisch* zitiert Reinhard Lämmel, seinerzeit Küchenchef eines gehobenen Dresdner Hotels, einen Gast aus dem 19. Jahrhundert, der nach seiner Rundreise durch Sachsen dieses Resümee zog: »Die Sachsen machen ihre Eroberungen nicht durch Waffen, sondern durch Witz, nicht durch ihre Soldaten, sondern durch ihre Frauen, nicht mit Gewehrkugeln, sondern mit Kuchen und nicht mit Schießpulver, sondern mit Backpulver.« Willkommen im Land der Genüsse.

Schloss Moritzburg – eine märchenhafte Kulisse. Beim Dreh von Drei Haselnüsse für Aschenbrödel *gab es Fischmehl als Schnee-Ersatz.*

1

Kulturbetrieb Schloss Hartenfels
Schlossstraße 7
04860 Torgau
03421 7581989
www.schloss-hartenfels.de

Geschlossener Jugendwerkhof Torgau
Fischerdörfchen 15
04860 Torgau
03421 714203
www.jugendwerkhof-torgau.de

Die Stadt der Mauern und der Renaissance

Das mehrtürmige Schloss Hartenfels

In Sachsen gibt es Märchenschlösser. Sie haben Eingang in die Verfilmung von *Drei Haselnüsse für Aschenbrödel* in Moritzburg gefunden, das wir noch besuchen werden, sowie in *Dornröschen*, gedreht auf Schloss Hartenfels. Torgau war überdies auch Kulisse für den Film *Frühlingssinfonie*, über den bedeutenden sächsischen Komponisten Robert Schumann, auf den wir gleichfalls noch zu sprechen kommen.

Schloss Hartenfels steht ebenso wie die Albrechtsburg in Meißen für die Leipziger Teilung der Brüder Ernst und Albrecht im Jahr 1485, als sich das sächsische Herrschergeschlecht der Wettiner in die albertinische und die ernestische Linie aufspaltete und die Gegensätze vergrößerte. Der im 15. Jahrhundert erweiterte Schlossbau zu Torgau, dessen Schlosskirche 1544 von Martin Luther eingeweiht wurde, zeigt auf der Hofseite den um 1535 fertiggestellten Wendelstein, ein Zeugnis der Frührenaissance, das mit der spätgotischen Ausführung auf der Albrechtsburg korrespondiert.

1547, nach der Zerschlagung des 1531 gegründeten Schmalkaldischen Bundes, der Verfechter des Protestantismus vereinte, und der Gefangennahme des sächsischen Kurfürsten Johann Friedrich I. (1503–1554), fiel Schloss Hartenfels den Albertinern zu. Als diese ihre Hofhaltung in Dresden festigten, wurde es im 16. Jahrhundert zum königlichen Verwaltungssitz, ehe es 1815 in preußischen Besitz überging. Der einstige Schlossherr, begnadigt, aber der Kurwürde enthoben, kehrte nach fünfjähriger Gefangenschaft nicht wieder nach Torgau zurück.

Torgau, Sitz des Reichskriegsgerichts und im Zweiten Weltkrieg Ort des angegliederten Wehrmachtsgefängnisses, schrieb die unrühmliche Geschichte auch während der sowjetischen Besatzung und in der DDR fort. Einen Einblick gibt die Ausstellung »Spuren des Unrechts« im Dokumentations- und Informationszentrum.

Für Luthers Frau Katharina von Bora, die 1552 in Torgau an den Folgen eines Unfalls verstorben ist, wurde in deren Sterbehaus in der Katharinenstraße ein Erinnerungsort eingerichtet. Auch ist der älteste Spielzeugladen Deutschlands, 1685 gegründet von Carl Loebner, in der marktnahen Bäckerstraße zu finden. Als Große Kreisstadt im Norden Sachsens ist Torgau zudem von einem dichten Forst umgeben.

Bis 1989 galt Torgau als ein Zentrum des Strafsystems. Ab 1964 wurden im Geschlossenen Jugendwerkhof Torgau mehr als 4.000 Jugendliche eingesperrt. Der Ort ist als offene Gedenkstätte zu besichtigen.

DAS BIERKARUSSELL ERLEBEN

Die Traditionsbrauerei Krostitz

Wenn ein Schriftsteller die Besichtigung einer Brauerei empfiehlt, kann er das leicht damit begründen, dass sowohl der Welttag des Buches als auch der Tag des deutschen Bieres alljährlich an ein und demselben Tage gefeiert werden.

Bier, das wissen wir, ist das Volksgetränk Nummer eins, auch wenn Statistiker den Pro-Kopf-Verbrauch immer mal wieder nach unten korrigieren. Man muss kein unmäßiger Biertrinker sein, um dem Gebräu zu huldigen, dessen mehrere Jahrtausende zählende Geschichte älter als die Erfindung der beweglichen Metalllettern des Buchdrucks ist. Bier, der seit 1904 verwendete Name »Ur-Krostitzer« zeigt die Tradition an, wird seit annähernd 500 Jahren in Krostitz (früher Crostitz) gebraut. Die lange Geschichte des Brauhauses lässt man sich am besten vor Ort erzählen und sich ebendort einen Einblick in die Braukunst nach heutigem Standard geben. Gern verrät dabei die Marketingabteilung der seit 1990 zur Radeberger Gruppe gehörenden Brauerei, wie es um die Legende bestellt ist, dass zu Zeiten des Dreißigjährigen Krieges der schwedische König Gustav II. Adolf den Krug Bier, der ihm

Die Brauerei macht sich mit der Vergabe des »Historikerpreises« um die Geschichtsschreibung verdient

2

Krostitzer Brauerei
Brauereistraße 12
04509 Krostitz
034295 77648
www.urkrostitzer.de

bei seinem Halt auf dem Wege nach Leipzig zur Durstlöschung überreicht wurde, mit einem goldenen Ring quittiert haben soll. Das Wort vom »Labetrunk« wird seither gepflegt und gewiss kann man erfahren, ob der Schwedenkönig 1632 Braunbier oder eine andere Sorte bevorzugt hat.

Eine Kopie dieses Ringes wird seit 2004 als Preis für engagierte Laiengeschichtsforscher gestiftet, die sich mit der Historie Sachsens, Sachsen-Anhalts oder Thüringens befassen.

Eher mehr an den Industriellen Henry Ford als an Gustav II. Adolf erinnert heutzutage die automatische Abfüllanlage, wenn die Flaschen mit einem bizarren Klirren ohne Unterlass die Reinigung, Abfüllung, Verschließung, Etikettierung und ihren Weg zu den Bierkästen durchlaufen.

Die Führungen, für die eine Anmeldung erforderlich ist, dauern circa 1,5 Stunden und sind täglich möglich, nach Abstimmung auch am Wochenende.

8

Joachim-Ringelnatz-Verein
Ringelnatz-Geburtshaus
Crostigall 14
04808 Wurzen
03425 8573991
www.ringelnatz-verein.de

Kulturhistorisches Museum Wurzen mit Ringelnatz-Sammlung
Domgasse 2
04808 Wurzen
03425 8560405
www.sachsens-museen-entdecken.de

KUDDELDADDELDUS SEESACK STRANDETE IM STADTMUSEUM

Ringelnatz-Geburtshaus und Ringelnatz-Kabinett

Hans Gustav Bötticher (1883–1934) ist 26 Jahre alt, als er sich das Pseudonym Joachim Ringelnatz gibt. Als drittes Kind von Georg und Rosa Marie Bötticher, geborene Engelhardt, kam er im kleinstädtischen Wurzen zur Welt. Vater Bötticher hatte sich zu der Zeit bereits einen Namen als Musterzeichner für Tapeten gemacht und arbeitete als Chefzeichner für die Wurzener Firma August Schütz, ehe die Familie 1888 nach Leipzig wechselte und sich Hans Gustav, der kein mustergültiger Schüler war, mit 18 Jahren als Schiffsjunge seinen Traum von der Seefahrt erfüllte. Zwei Jahre später war aus ihm ein Mann geworden, dem es fortan zuwider sein sollte, unter dem Dirigat eines anderen zu leben.

Die eindrucksvolle Brunnenanlage wurde zum 100. Geburtstag des Dichters errichtet

Nach Stippvisiten in verschiedenen Berufssparten avancierte Hans Bötticher zum Vortragskünstler und trat ab 1909 regelmäßig im Münchner *Simplicissimus* auf, eine Künstlerkneipe, die den Namen der seinerzeit äußerst populären Satirezeitschrift trug. Im »Simpl« lernte er unter anderem Erich Mühsam und Frank Wedekind kennen. Mit Beginn des Ersten Weltkrieges meldete er sich zur Kriegsmarine und landete schließlich auf einem Außenposten bei Cuxhaven. Die dortige Ringelnatz-Stiftung, die ein Museum für den Dichter unterhält, wurde 2001 gegründet. Sie unterstützte den in Wurzen ansässigen Joachim-Ringelnatz-Verein, der seit 1992 besteht und dem der Erhalt und die Sanierung des Geburtshauses von Hans Gustav Bötticher zu danken ist. Jeweils im August veranstaltet der Verein den Ringelnatz-Sommer.

Das Ringelnatz-Kabinett des Kulturhistorischen Museums am Wurzener Markt beherbergt die größte Anzahl an Autographen, Erstausgaben, Fotografien sowie Gemälden und Grafiken. Eine Besonderheit ist der Seesack Hans Böttichers, des Schiffsjungen und späteren Leutnants zur See.

An 13 Stationen, die durch Stelen markiert sind und entlang der Altstadt führen, begegnen dem Flaneur Verse von Joachim Ringelnatz, dessen erhobener Zeigefinger so viel bedeutet wie: Hier bin ich!

Ein Friedensmal den über 100.000 europäischen Toten

Das Völkerschlachtdenkmal

Dem Leipziger Maler und Hochschullehrer Wolfgang Mattheuer (1927–2004) ist eine der schönsten Sichten auf Leipzig zu verdanken: die von der Plattform des Völkerschlachtdenkmals aus. Nach einer umfänglichen Sanierung ist das 91 Meter hohe Leipziger Wahrzeichen, das hundert Jahre nach der *Völkerschlacht bei Leipzig* nach Plänen von Bruno Schmitz (1858–1916) in mehr als zehnjähriger Bauzeit errichtet wurde, wieder in seiner früheren Gestalt zu besichtigen. Die Rekonstruktion des eigentlichen Mahnmals im Zeitraum 2002–2017, für die sich die »Stiftung Völkerschlachtdenkmal« einsetzte, dauerte länger als der Bau des Denkmals selbst, zu dessen erster Plattform seit 2003 wieder ein Aufzug führt.

Es »Völki« zu nennen, halte ich angesichts der Mahnung der Kriegstoten für unangemessen

Beeindruckend ist die Plastik des *Erzengels Michael* im Eingangsbereich, geschaffen vom Bildhauer Christian Behrens (1852–1905), der die festliche Einweihung des Denkmals im Jahre 1913 nicht mehr erlebt hat. Im Inneren überraschen die überlebensgroßen Kriegerfiguren in der Krypta des aus Böhmen stammenden Steinmet-

4

Völkerschlachtdenkmal
Straße des 18. Oktober 100
04299 Leipzig
0341 2416870 (Besucherservice)
www.stadtgeschichtliches-museum-leipzig.de
www.stiftung-voelkerschlachtdenkmal-leipzig.de

Heilige Alexius Gedächtniskirche
Philipp-Rosenthal-Straße 51a
04103 Leipzig
0341 8781453
www.russische-kirche-l.de

zen und Bildhauers Franz Metzner (1870–1919). Die Bauleitung oblag ab 1898 dem Architekten und Vorsitzenden des Deutschen Patrioten-Bundes Clemens Thieme (1861–1945), der sich unermüdlich für die Finanzierung des Denkmalbaus einsetzte. Die Stadt dankte es ihm 1913 mit einer Ehrenbürgerschaft. Gleiches gilt für Erich Loest (1926–2013), Autor des 1984 ursprünglich im Verlag Hoffmann und Campe erschienenen Romans *Völkerschlachtdenkmal*; ihm wurde 1996 die Ehrenbürgerschaft verliehen.

Vor der Rekonstruktion galt das Denkmal vielen Einheimischen als »Klotz«; die Umweltbelastung durch Kohleheizung und Industrieanlagen in Leipzig hatte auch dem Beuchaer Granitporphyr, der Außenhaut des Denkmals, zugesetzt. Umso mehr erstrahlt es heute und verliert zunehmend seine Randlage, indem vor dem Areal Konzerte und Märkte stattfinden.

Zu den Truppen der Völkerschlacht, die Napoleons Truppen eine Niederlage bereiteten, gehörten Soldaten aus Preußen, Österreich, Schweden und Russland. Zum Gedenken an die Gefallenen aus Russland wurde 1913 die Gedächtniskirche St. Alexej geweiht.

5

Evangelisch-Lutherische
Kirchgemeinde St. Nikolai
Leipzig
Nikolaikirchhof 3
04109 Leipzig
0341 1245380
www.nikolaikirche.de

Museum »Runde Ecke«
Dietrichring 24
04109 Leipzig
0341 9612443
www.runde-ecke-leipzig.de

Die »Siegessäule« der Bürgerbewegung

Denkmal auf dem Platz vor St. Nikolai

Einer meiner Leipziger Lieblingsplätze ist der Nikolaikirchhof mit der Alten (dank der umfänglichen Sanierung, sprich Rettung, verjüngten) Nikolaischule, den nahen Antiquariaten und der künstlerischen Nachbildung einer der Säulen aus dem Kirchenschiff von St. Nikolai, die mit ihrer den Klassizismus und den Jugendstil vereinenden Ausformung Krönung und Fanal zugleich ist.

Nachdem der Bundestag am 9. November 2007 beschlossen hat, dass in Berlin ein Denkmal der *Freiheit und Einheit* an den Fall der Mauer erinnern soll, haben sich die Abgeordneten gleichermaßen auch für ein manifestes Gedenken an den Ausgangsort der Friedlichen Revolution im Herbst 1989 entschieden. Von 2011 bis 2014 währte der vom Leipziger Stadtrat ausgeschriebene Wettbewerb, dessen prämierte Ergebnisse schließlich verworfen wurden. Weder der geplante Standort Wilhelm-Leuschner-Platz noch die Siegerentwürfe fanden die mehrheitliche Zustimmung der Leipziger. Und das wohl aus gutem Grund. Bietet doch das Stadtzentrum bereits eine Vielzahl von Erinnerungsorten. Ganz elementar ist der Stadtring zu nennen mit dem neuralgischen Punkt, dem Gebäude des Ministeriums für Staatssicherheit der DDR (MfS) im Bezirk Leipzig, heute ein Museum und vom Volksmund angesichts seiner abgerundeten Eingangsfassade »Runde Ecke« genannt, oder der Augustusplatz (von 1945–1990 »Karl-Marx-Platz«) mit der »Demokratieglocke« und insbesondere die Nikolaikirche selbst. Darüber hinaus geben 20 Tafeln Auskunft über die Ereignisse im Leipziger Herbst 1989. Im Jahr 2021 startete ein neues Verfahren, um bis 2024 ein Konzept für die inhaltliche Gestaltung und den finalen Standort eines Denkmals zu entwickeln.

Die von Grafikdesigner Andreas Stötzner entworfene Replik der Säule, gefertigt vom Bildhauer Markus Gläser, ist ein sichtbares Zeichen für den Leipziger Herbst 1989 und das Fanal, das von hier ausging und bis nach Osteuropa reichte. Sie wurde am 9. Oktober 1999 von Bundeskanzler Gerhard Schröder, dem sächsischen Ministerpräsidenten Kurt Biedenkopf und Leipzigs Oberbürgermeister Wolfgang Tiefensee feierlich enthüllt. Für mich verkörpert die Säule den Glauben, etwas verändern zu können, indem der eigene Wille aus dem abgeschirmten Raum ins Freie versetzt wird.

Das Museum »Runde Ecke« bietet einen Einblick in Geschichte, Struktur und Arbeitsweise des MfS der DDR – und das als authentischer Ort der Machtausübung des SED-Regimes. Als Ausgangsort der alles entscheidenden Montagsdemonstrationen steht Leipzigs älteste Stadtkirche St. Nikolai. Ihr neoklassizistischer Innenraum ist von besonderer Schönheit. In der eigenen Buchhandlung der Nikolaikirche sind vor allem Bücher zum Herbst 1989 im Angebot.

EIN EINZIGARTIGES »WERKS-GELÄNDE«

Die Leipziger Baumwollspinnerei

Kunsthochschulstädte sind Siedlungsgebiete für den künstlerischen Nachwuchs. Das gilt insbesondere für Leipzig mit seiner traditionellen Hochschule für Grafik und Buchkunst, die auf die 1764 gegründete Königliche *Academie für Malerey* zurückgeht, in der als einer der Ersten der Jurastudent Goethe bei Adam Friedrich Oeser Zeichenunterricht erhielt.

An der Kreuzung Karl-Heine-Straße/ Spinnereistraße

Die nach dem Industriepionier Dr. jur. Carl Erdmann Heine benannte Straße mündet in die Spinnereistraße. Fraglich ist, ob Heine als Mäzen der bildenden Kunst verbunden war. Doch sein im Stil des Historismus errichtetes Sterbehaus in der Könneritzstraße gibt seinen Gefallen an der Baukunst wider. Auch war er ein Befürworter der Vermögenssteuer. Eine Erhebung, die heutzutage Künstler nur selten tangiert, solange sie nicht zu den neuen Malstars zählen. Auf Heines Initiative geht die Trockenlegung des Sumpfgebietes im Leipziger Westen und die nachfolgende Industrialisierung zurück. Auf dem Areal des heutigen Galerie- und Atelierzentrums sicherte Ausgang des 19. Jahrhunderts die Produktion von hochwertiger Baumwolle

6

Leipziger Baumwollspinnerei Verwaltungsgesellschaft
Spinnereistraße 7
04179 Leipzig
0341 4980222
www.spinnerei.de

Kunstkraftwerk Leipzig
Saalfelder Straße 8b
04179 Leipzig
0341 52950895 oder
0341 49291500
www.kunstkraftwerk-leipzig.com

mehr als anderthalbtausend Beschäftigten ein Einkommen. Das Werksgelände mit eigener Energieversorgung, Gleisanschlüssen, einer Ausbildungsstätte und einem Kindergarten war umgeben von den für die Gründerzeit typischen Mietskasernen. Selbst ein Friedhof wurde in unmittelbarer Nachbarschaft angelegt.

Entstanden ist eine Infrastruktur, die die heutige Vielfalt an Gebäuden und Einrichtungen geprägt und die einmalige Voraussetzung geschaffen hat, zahlreichen Künstlerinnen und Künstlern eine Heimstatt zu geben und in unmittelbarer Nähe eine hohe Dichte an Galerien sowie künstlerische Werkstätten anzusiedeln. Unentbehrlich für das Renommee dieses Kunststandortes sind die halbjährlich veranstalteten Rundgänge. Besuchern bietet die Baumwollspinnerei begehrte Übernachtungsmöglichkeiten in den Meisterzimmern.

Unweit, in der Saalfelder Straße, entstand in den Mauern eines Heizkraftwerkes das Kunstkraftwerk Leipzig, das in Form von Ausstellungen, Konzerten, medialen Installationen und Projektionen für Experimente offen ist.

7

Schaubühne Lindenfels
Karl-Heine-Straße 50
04229 Leipzig
0341 484620
www.schaubuehne.com

Felsenkeller Leipzig
Karl-Heine-Straße 32
04229 Leipzig
www.felsenkeller-leipzig.com

SCHAU UND SHOW IM LEIPZIGER WESTEN

Die Schaubühne Lindenfels

Ein Kinofilm ist durch nichts zu ersetzen. Allerdings sind es meist nur Großstadtkinder, die »ihr« Kino haben, sofern diese Lichtspielhäuser der Pandemie zu trotzen vermochten. »Mein« Kino war das »Lichtspieltheater Lindenfels«. Hierher trugen wir Kinder am Sonntagnachmittag 50 Pfennige, um Märchen- und die sogenannten »Mantel- und Degenfilme« zu schauen und, wie wir später erfuhren, unseren Eltern ein paar intime Stunden zu ermöglichen.

Nach dem Ende der DDR war der Saal im »Lindenfels« verwaist. Im Foyer gab es eine Zeit lang nur Filme auszuleihen. Schließlich schloss die Videothek. Und das Kino wurde 1994 als freies Theaterhaus Schaubühne Lindenfels von kreativen Menschen, die Leipzig und seinen Westen für sich entdeckt hatten, wiedereröffnet. Das neue Profil, das Kino, Theater, Café, Kneipe, Literaturbühne und Konzertsaal erfolgreich vereint, entspricht dem Ursprung des Hauses, das um 1876 bereits als Mischung aus Ballhaus, Kegelbahn und Gastronomie betrieben wurde, ehe das Objekt durch verschiedene Hände ging und zahlreiche Um- und Anbauten erfuhr.

Heute ist die Schaubühne Lindenfels an der auch gastronomisch erschlossenen Magistrale des Westens eine gemeinnützige Aktiengesellschaft. Der beinahe ausgestorbenen Industrie ist die Erlebnis- und Wohnkultur gefolgt. Sanierte Häuser und Lofts zieren heute das Viertel, das der bereits im Zusammenhang mit der Baumwollspinnerei erwähnte Heine ab Mitte des 19. Jahrhunderts durch die Erschließung der Weißen Elster zum Verkehrsweg zu einem urbanen Industriestandort entwickelt hat. Unermüdlich hat Dr. Carl Heine die Ansiedlung von Maschinenbaubetrieben vorangetrieben, sodass das einstige Dorf Plagwitz als eigener Stadtteil 1891 nach Leipzig eingemeindet wurde. Dass aus dem Quartier nach 1990 kein »Lost Place« wurde, ist heutigen Investoren und Visionären zu danken.

Ganz in der Nähe, im ehemaligen Fest- und Ballhaus »Felsenkeller«, sprach 1913 Rosa Luxemburg; ihr zu Ehren wurde im neueröffneten Veranstaltungshaus der Gedenkraum »Rosas Salon« eingerichtet.

Einst Ort der Kunst- und Reisebücher

Das Museum für Druckkunst Leipzig

Die von Johannes Gensfleisch, genannt Gutenberg (1400–1468) vor über 500 Jahren erfundenen beweglichen Lettern dienen seither dem beweglichen Geist und gelten als eine der wichtigsten Errungenschaften des zweiten Jahrtausends. Sie haben die Mönche in den Klöstern um ein Privileg gebracht. Im Verbund mit der gleichfalls von Gutenberg entwickelten Drucktechnik löste der Setzer den Schreiber ab – und mit der Handhabung der Lettern ward der Druckfehlerteufel geboren. Diesem kann man erliegen, wenn man selbst im Leipziger Museum für Druckkunst die Form des Bleisatzes praktiziert oder mit Holzbuchstaben hantiert. Fachkundig eingewiesen, ermöglichen die Kurse, eine um vieles haltbarere Nachricht oder gar ein Gedicht Buchstabe für Buchstabe in Spiegelschrift zusammenzufügen und auf Papier abzuziehen. Oder man lässt sich bei einer Besichtigung ganz sinnlich in die Vergangenheit führen, bestaunt die in Gang gesetzte Technik und hört den Klang einer Linotype, einer jener Zeilensetzmaschinen, wie sie als Weiterentwicklung noch bis in die 1970er-Jahre beim Druck von Zeitungen

Zwei von über 100 funktionstüchtig gehaltenen Maschinen und Pressen im Museum

8

Museum für Druckkunst Leipzig
Nonnenstraße 38
04229 Leipzig
0341 231620
www.druckkunst-museum.de

zum Einsatz kamen. Vor allem aber behält der Besucher an diesem Ort der »schwarzen Kunst« den eindringlichen Duft des Farbmittels in der Nase.

Das Museum, das neben seinen wechselnden Ausstellungen gleichzeitig Künstlerinnen und Künstlern auch als Druckwerkstatt dient, zählt in Zeiten von Mausklick und Touchscreen zu den Bewahrern der Technik des Tief- und Flachdrucks, die die deutsche UNESCO-Kommission als immaterielles Kulturerbe aufführt. Das Gebäude hat als Teil der Leipzig-Plagwitzer Industriekultur eine wechselvolle Geschichte. Dass nach der Produktion von Strickmaschinen 1921 der Verleger Dr. Karl Meyer mit seinem *Buch- und Kunstverlag* Einzug hielt und das mit eigener Druckerei und Buchbinderei zu verbinden wusste, legte den Grundstein für die heutige Nutzung.

Eine Bootstour auf Leipzigs Wasserstraßen oder ein Spaziergang im nahen Nonnenholz lässt das grüne und entspannte Leipzig erleben. Vis-à-vis dem Museum bieten im Ristorante *Da Vito* in den Sommermonaten zwei Gondoliere ihre Dienste an. Wie es sich gehört, wurden beide Gondeln in Venedig gebaut.

9

Parkeisenbahn Auensee e.V. Leipzig
Gustav-Esche-Straße 8
04159 Leipzig
0341 4611151
www.parkeisenbahn-auensee-leipzig.de

Straßenbahnmuseum Leipzig
Apelstraße 1
04129 Leipzig
0341 3928904
www.strassenbahnmuseum.de

EINE KLEINBAHN FÜR GROSS UND KLEIN

Mit der Parkeisenbahn um den Auensee

In meiner Kinderzeit hieß die heutige Parkeisenbahn »Pioniereisenbahn«. Die Schmalspurbahn ist fast so alt wie ich. Sie wurde im August 1951 in Betrieb genommen. Ihr Vorgänger, eine Liliput-Dampflok, stammt aus dem Jahre 1928. Die Lokomotive aus meinen Kindertagen zog vier offene Wagen. Seit die Bahn ab Anfang der 1990er-Jahre einen neuen Betreiber hat, können es bis zu acht Waggons sein, sodass kaum jemand auf einen freien Platz warten muss. Längst hat eine sogenannte Akku-Lok die einstige Dampflok abgelöst. Die Lokomotive fährt von jeher ein Erwachsener, der mir als Kind auf der Miniaturbahn riesig erschien. Zugbegleiter und Schaffner waren Kinder oder auch Jugendliche, die mit Trillerpfeife, Kelle und Schaffnerzange umzugehen lernten. Daran hat sich bis heute nichts geändert. Meist im Halbstundentakt umrundet die Kleinbahn den Auensee. Die Strecke misst insgesamt 1.900 Meter. Die Höchstgeschwindigkeit der Kleinbahn wird mit 13,5 Kilometer pro Stunde angegeben. Das schafft man mit dem Fahrrad auch, aber es ist nicht halb so bequem. Außerdem, wer winkt einem Radfahrer zu, wenn er kein Rennen fährt?

Der bis zu zehn Meter tiefe See, der 1910 angelegt wurde, um den Kies für den Bau des Leipziger Hauptbahnhofes zu liefern, speist sich aus dem Grundwasser. Er beherbergt einen Fischbestand, der von Aal bis Zander reicht, und ist nach dem Leipziger Auwald benannt, einem Erholungsgebiet, das insgesamt circa 2.500 Hektar umfasst und berühmt-berüchtigt ob seines reichhaltigen Bärlauch-Vorkommens ist.

Zum Areal des Auensees gehört neben zahlreichen Freisitzen der Gastronomie das *Haus Auensee*. Das Konzerthaus sah schon viele nationale und internationale Musikgrößen und stammt aus der Zeit, als von 1912 bis zur Weltwirtschaftskrise die Schankwirte und Schausteller hier den Luna-Park als Vergnügungsstätte betrieben.

Die Kleinbahn hat ihre Saison von Ende März bis Ende Oktober und fährt in der Regel täglich, außer montags. In der Nähe des Sees bietet das Unternehmen *Camping & Motel* Quartier und Erholung inmitten des Stadtwaldes.

Ebenfalls im Leipziger Norden befindet sich in einem früheren Trambahn-Depot das Straßenbahn-Museum. Es öffnet von Mai bis September jeden dritten Sonntag für Besucher.

ANKOMMEN UND VERWEILEN ODER ABSCHIEDE VERSÜSSEN

Der Leipziger Hauptbahnhof

Einen Bahnhof aufzusuchen, wenn man keine Reise beginnt, ist eher außergewöhnlich. Ein Begriff, der nach meinem Eindruck gerade für den Leipziger Hauptbahnhof gilt, das heißt für die Promenaden heutiger Prägung. Ein Glanz, der die Verelendung vieler Unterwegsbahnhöfe verdeutlicht. Etliche Jahre vor dem Ende 2007 abgeschlossenen Umbau und seinem nunmehr von Licht und Farbe bestimmten Glanz erlebte ich die *Washington Union Station* – und war tief beeindruckt. Dass einmal Restauratoren und Bauleute den Hauptbahnhof meiner Heimatstadt als ein Bauwerk des modernen Kommerzes im Gewand traditioneller Architektur erstrahlen lassen, genieße ich seither jedes Mal. Die Promenaden lassen den unwirtlichen Raum von früher vergessen, jene verglaste Kälte und rußige Luft. Vermisst wird wohl allein das Zeitkino. Gastronomie war ein Fremdwort, und doch war das Beste der MITROPA-Saal, wo man warm und trocken und manchmal auf dem Trockenen saß, wenn der Kellner einen partout übersehen wollte.

Den Leipziger als den größten Kopfbahnhof Deutschlands oder gar Europas zu bezeichnen, dazu fehlte einem Ostdeutschen der Vergleich. Auch das duale Prinzip, das aus reiner Kleinstaaterei zwei identische Empfangsgebäude verkuppelte, ist längst nivelliert. Heute fehlen dem Bahnhof die nötigen Gleise, um sich vor Frankfurt und München zu platzieren. Sie verschwanden zu Gunsten von Parkhaus und Unterbau. Nach dem Anschluss an den 2013 fertiggestellten Citytunnel, der nun eine Durchfahrt

10

Leipzig Hauptbahnhof
Promenaden
Willy-Brandt-Platz 7
04109 Leipzig
0341 141270
www.promenaden-bahnhof-leipzig.de

Bayerischer Bahnhof Brau & Gaststätten-betrieb
Bayrischer Platz 1
04103 Leipzig
0341 1245760
www.bayerischer-bahnhof.de

gen Süden bietet, ist auch die Bezeichnung Kopfbahnhof unterhöhlt worden.

Dass der von Anton Philipp Reclam 1828 in Leipzig gegründete *Verlag des literarischen Museums*, aus dem der Philipp Reclam jun. Verlag hervorging, einige Jahre vor dem Aufgeben seines Gründungsortes eine Almanach-Reihe mit dem sinnlichen Titel *Kopfbahnhof* aufgelegt hat, lässt sich mit etwas Glück in einem der Antiquariate in der nahen Ritterstraße herausfinden.

Beim Bau der kleinsten U-Bahn der Welt (mit vier unterirdischen Stationen) ist es gelungen, den *Bayerischen Bahnhof* in Gänze zu verschieben; sein Name steht heute für Großgastronomie und Braukunst. Zum Angebot zählen die *Gose*, ein obergäriges Bier, das ursprünglich aus Goslar stammt, und der heimische Kümmellikör *Leipziger Allasch*.

11

Bergbau-Technik-Park
Am Westufer 2
04463 Großpösna
034297 140127
www.bergbau-technik-park.de

Buffalo Ranch
Buffalo Ranch 1
04575 Neukieritzsch
034342 505439
www.buffalo-ranch.de

Tagebau-Giganten im Freilichtmuseum an der BAB 38

Der Bergbau-Technik-Park

Die Frage nach den Löchern im Käse bringt Feierfreudige bei der Polonäse ins Schunkeln. Aber der Anblick der überdimensionierten Löcher in der Erde des Leipziger Umlands ist für die um ihre Heimat Gebrachten nicht amüsant. Mit dem steigenden Grundwasser oder der Flutung der Tagebaurestlöcher entstand ab den 1960ern rings um Leipzig jenes heute gepriesene »Neuseenland«, das der Naherholung und dem Tourismus dient. Aber welche Ausmaße hatte die Devastierung der Landschaft durch das Zutagebringen der Braunkohlevorkommen und deren Abbau? Am Zwenkauer See wird in einem Ausstellungspavillon detailliert Auskunft darüber gegeben, wie viele Dörfer im Leipziger Umland dem Energieträger Braunkohle zum Opfer fielen. Auch der Technikpark selbst thematisiert den Heimatverlust tausender Menschen innerhalb seiner Exposition, die den Förderzyklus eines Tagebaubetriebes aufzeigt.

Es sind die originalen Großgeräte, die die Dimension eines Braunkohletagebaus erleben lassen

Sichtlich beeindruckt steht wohl jeder Besucher den gigantischen Maschinen gegenüber und hat die Möglichkeit, sowohl einen Schaufelradbagger (1.300-Tonner) als auch den dazugehörigen Absetzer (2.400-Tonner) aus der Nähe zu betrachten. Überhaupt bildet das Ausstellungsareal rings um die markanten Großgeräte den Tagebaubetrieb unter Einbeziehung von Schienen- und Entwässerungstechnik nach und inszeniert quasi den Zyklus der Braunkohleförderung. Zudem spürt man bereits beim Betreten des Kassenraums eine besondere Atmosphäre, diente dieser doch früher als Kommandoführerstand einer Abraumförderbrücke. Erwerben kann man dort Versteinerungen und unter anderem auch Haifischzähne, die die riesigen Schaufeln zutage förderten und die Auskunft darüber geben, dass die ressourcenreiche Landschaft Mitteldeutschlands einst ein Meer war. Um die Funde in den 38 Millionen Jahre alten Erdschichten zu demonstrieren, bietet der Kinderspielplatz einen »begehbaren Urzeithai« zur Erkundung an.

Im nahen Neukieritzsch öffnet die Buffalo-Ranch im Hofladen auf ihrem Areal die Türen für Fleisch-Genießer. Die Ranch betont, dass bei der Aufzucht der Bisons keine subtherapeutischen Antibiotika zum Einsatz kommen.

EIN EINZIGARTIGES VERLEGERMUSEUM

Das Museum Göschenhaus

Zu den Attraktionen im Muldental gehört das Göschenhaus mit seinem zum Wandeln einladenden Park und idyllischen Freundschaftspavillon. Das Museum erinnert zum einen an den in Poserna, unweit von Leipzig, geborenen, berühmten Spaziergänger Johann Gottfried Seume. Zum anderen an Georg Joachim Göschen, der dieses Pferdner-Anwesen 1795 erwarb und daraufhin mit seinem Verlag von Leipzig nach Grimma wechselte. Seume kam 1797 im Alter von 34 Jahren als Korrektor zum Göschen-Verlag und blieb dort, bis er Ende 1801 nach Syrakus aufbrach. Bereits 1788 war er für Göschen als (ungenannter) Übersetzer des zweibändigen Romans *Honorie Warren* aus dem Englischen in Erscheinung getreten und hatte bewiesen, »wie sehr er beider Sprachen mächtig ist« (Allgemeine Literatur-Zeitung vom 27.8.1790). Nach seinen turbulenten Jahren – als Student der Theologie in Leipzig, gedungener Soldat in Nordamerika, preußischer Rekrut in Bremen, neuerlicher Student, der es bis zum Magister beziehungsweise zur Habilitation bringt, Adjutant eines russischen Generals wird, als solcher in Ge-

Der 1801 fertiggestellte Freundschaftspavillon gilt als Kleinod des Göschengartens

12

Museum Göschenhaus
– Seume Gedenkstätte –
Schillerstraße 25
04668 Grimma
03437 911118
www.goeschenhaus.de

Altes Rathaus Grimma
Markt 27
04668 Grimma

fangenschaft gerät, sich unglücklich verliebt – fand Seume in Grimma einen Ruhepunkt.

Das mit Möbeln aus der Jahrhundertwende ausgestattete »Seumezimmer« zeigt Originalausgaben des Schriftstellers und ebenso Ansichten von Grimma-Hohnstädt, wie der Verleger und sein Korrektor es wahrgenommen haben. 1801 ist Friedrich Schiller bei der Familie Göschen zu Gast, die für Literaten ein offenes Haus führt. Dem betagten Johann Wilhelm Ludwig Gleim schreibt Göschen nach Halberstadt: »Wenn Sie zu uns kämen, Sie würden ein wahres kleines Elysium finden, das uns die Natur an der Mulde gegeben hat. Man wallfahrtet aus Leipzig zu uns, wenn man sich wenigstens eine Idee von der Schönheit der Natur schaffen will«. Eine Einladung, die auch heute nicht trefflicher auszusprechen ist.

Das Grimmaer Renaissance-Rathaus auf dem Markt, das auch eine Kunstgalerie beherbergt, ist sehenswert und das dortige Restaurant mit seiner gehobenen Küche zu empfehlen.

13

terra mineralia
Schloss Freudenstein
Schloßplatz 4
09599 Freiberg
03731 394654
www.terra-mineralia.de

Informationen zum Bergstadtfest unter
www.bergstadtfest.de

Die Magie der Funde

Gesteinsausstellung *terra mineralia* und Mineralogische Sammlung

Steine faszinieren. Steine umgeben uns. Steine schützen uns. Steine schmücken uns. Welch eine Vielfalt an Formen und Farben sind an den Stränden zu finden oder im schnöden Baukies. Das mag Sammler wenig beeindrucken, die in Gebirgsschichten in die Tiefe gehen und Edelsteine aus der Erdkruste bergen.

Der Fund aus dem Silberbergwerk Himmelsfürst verweist auf das ertragreichste Erzbergwerk Sachsens

Hat zunächst der Silberbergbau der Stadt Freiberg zu ihrer Gründung und Bedeutung verholfen, sind es heute vor allem Bildung und Building, die die Attraktivität dieser Stadt ausmachen, die in Sachsen nach Leipzig und Dresden die größte Anziehungskraft besitzt. Die Bergakademie, als traditionsreiche Technische Universität, bereichert das historische Innenstadtensemble durch zwei restaurierte Prachtbauten. Beide sind am Schlossplatz gelegen. Zuvörderst ist die Dauerausstellung *terra mineralia* im Schloss Freudenstein zu nennen, die 3.500 Minerale, Edelsteine und Meteoriten vereint und in Kombination mit Glas und Licht, Gips und Feldspat dem Edelgestein zu hohen Weihen verhilft. Bestimmt wird die über sieben Etagen verteilte, nach Kontinenten gegliederte Exposition, die auch in die Schatzkammer der Ausstellung führt, von der in über 60 Jahren zusammengetragenen Sammlung der Schweizerin Dr. Erika Pohl-Ströher. Ihr zur Seite, und das auch im baulichen Sinne, steht die Mineralogische Sammlung Deutschland im Krügerhaus.

Neben der Größe und Herkunft sind die Merkmale Farbe, Strichfarbe und Opazität wesentlich für die Klassifikation der Minerale. Diese Pracht vor Augen, gerät leicht in Vergessenheit, dass ihretwegen blutige Kämpfe ausgetragen und gewagte Expeditionen unternommen wurden. Ein silberhaltiges Fahlerz, das den Namen Freibergit trägt, prädestiniert die Stadt erst recht als »Schau-Platz« für derartige Sammlungen. Leider braucht es mehr als Übermut, um demnächst selbst auf einen »Leipzigit« zu stoßen. In diesem Sinne: Glück auf! Augen auf!

Alljährlich im Juni findet das Bergstadtfest mit Bergparade, Berggottesdienst, Wahl der Bergstadtkönigin, Studentenparty und einem Feuerwerk statt.

DEN REICHTUM ZUM KLINGEN GEBRACHT

Silbermanns Orgeln im Dom St. Marien Freiberg

Beeinflusst vom Sound *Procol Harums* hörte ich als 17-Jähriger auch klassische Orgelmusik. Die erste Orgelschallplatte in meiner Sammlung wurde im Freiberger Dom St. Marien aufgenommen. Sie enthält Kompositionen von Johann Pachelbel (1653–1706) und Johann Ludwig Krebs (1713–1780). Gespielt wurden die Werke auf der großen Silbermann-Orgel. Das Cover der Langspielplatte, die ich noch heute besitze, zeigt die sogenannte Goldene Pforte: ein spätromanisches, um 1230 geschaffenes Rundbogen-Sandsteinportal, das aus Skulpturen und reich verzierten Säulen besteht. Es gehörte zum romanischen Vorgängerbau und befindet sich an der Südseite des Doms. Nachbildungen dieses Portals sind an Universitäts- oder Museumsbauwerken in Massachusetts, Moskau und Budapest zu finden.

Mit 44 Registern zählt die Hauptorgel im Dom St. Marien Freiberg zu den wichtigsten Barockorgeln

Der Ende des 15. Jahrhunderts errichtete Dom besitzt mit der Haupt- und Chororgel gleich zwei von Gottfried Silbermann (1683–1753) gefertigte Orgeln. Das ist ein Novum und spricht für den Reichtum der früheren Bergbaustadt, die seit 1765 auch Universitätsstadt ist. Besonderheiten des Doms

14

Dom St. Marien Freiberg
Evangelisch-Lutherische
Domgemeinde Freiberg
Untermarkt 1
09599 Freiberg
03731 22598
www.freiberger-dom.de

Gottfried-Silbermann-Museum Frauenstein
Markt 4
09623 Frauenstein
037326 1224
www.silbermann-museum.de

sind die Bergmannkanzel aus dem Jahr 1638 und die Tulpenkanzel aus der Zeit um 1510. Die Epitaphien im Innenraum zeugen vom damaligen Begräbniskult. Angefangen im 15. Jahrhundert fanden zahlreiche, vor allem sächsische Kurfürsten sowie deren Gemahlinnen und Nachkommen in der Gedächtniskapelle ihre letzte Ruhestätte, unter ihnen Moritz von Sachsen.

Freibergs Entwicklung ist eng mit seiner einstigen königlichen Münzstätte verbunden. Regionale Silber-Pfennige wurden etwa bis 1300 von der Freiberger Münze bereitgestellt. Der Bestand musste nach einem Umtauschschlüssel jährlich erneuert werden.

Lange vor *Google Maps* haben Landvermesser festgestellt, dass Freiberg sowohl 31 Kilometer von Chemnitz als auch von Dresden entfernt liegt. Das markiert die Bedeutung der Kreisstadt an der Mulde, in der Bergakademie und Traditionsbrauerei Wissen und Durst vereinen.

Mehr über den Orgelbauer Gottfried Silbermann und die Silbermann'sche Orgelbauer-Dynastie ist im 20 Kilometer entfernten Frauensteiner Silbermann-Museum zu erfahren. Ende 2021 hat das Gottfried-Silbermann-Museum sein neues Gebäude am Markt bezogen und präsentiert die Ausstellung zum Orgelbau und Wirken Silbermanns in erweitertem Umfang.

15

In der Hubertusburg befindet sich die **Tourist-Information Wermsdorf**
Altes Jagsschloss 1
04779 Wermsdorf
034364 81132
www.wermsdorf.de
www.hubertusburg-wermsdorf.de

DER GLANZ KEHRT ZURÜCK

Die Hubertusburg

Auch wenn die Staatsführung der DDR der Jagd frönte und dazu, als neuen Hofstaat, Diplomaten einlud, gab es in der Mangelwirtschaft weder einen finanziellen noch einen materiellen Überschuss, um die einstigen kurfürstlichen Jagdresidenzen zu erhalten beziehungsweise vor dem weiteren Verfall zu bewahren. Unrühmliches Beispiel dafür ist das 1752 fertiggestellte Schloss Hubertusburg im Wermsdorfer Forst, das während der Völkerschlacht als Lazarett diente, später als Steingut-Manufaktur, Gefängnis und Krankenhaus genutzt wurde.

Erbaut im Augusteischen Zeitalter, das zugunsten von Festivitäten den Militärhaushalt schmälerte, erlebte Schloss Hubertusburg in Nachbarschaft des nunmehr vernachlässigten, kleineren Vorgängers, dem Jagdschloss Wermsdorf, nur eine kurze Glanzzeit. Damals erstrahlte der Ovalsaal golden und das mit Jagdmotiven verzierte *Meissener Porzellan* schmückte in üppigen Abgüssen die Festtafel.

1761, während des Siebenjährigen Krieges, der als ein Weltkrieg betrachtet werden kann, plünderten preußische Soldaten das weitgehend mit dem Inventar des Colditzer Schlosses ausgestattete Schloss Hubertusburg. Dies ist durchaus als Revanche für die Raubzüge der verbündeten Truppen Russlands, Österreichs und Sachsens anzusehen. Geplündert wurde dabei auch das nach Königin Sophie Charlotte (1668–1705) benannte Schloss Charlottenburg. Über diese Zeit hinaus blieb Hubertusburg als historischer Ort des hier und gleichermaßen in Paris unterzeichneten Friedensvertrages von 1763 in Erinnerung.

Seit 2013 erfährt die einstige Jagdresidenz eine Sanierung und bietet seither eine ständig wachsende Ausstellungsfläche. Im Zentrum stehen dabei die Hof- und Parforcejagd sowie das Leben August III., der als Kurfürst von Sachsen gleich seinem Vater August des Starken König von Polen wurde.

Erhalten blieb im protestantischen Sachsen die 1710 geweihte barocke Schlosskapelle mit dem eindrucksvollen Deckengemälde von Johann Baptist Grone.

Den berühmten Karpfen aus Sachsen kauft man am besten beim jährlichen Abfischen oder im Espenhainer Hofladen der Wermsdorfer Fischer GmbH.

EINE LANDSCHAFT FÜRS GEMÜT

Das Kohrener Land und seine Töpferstadt Kohren-Sahlis

Es ist zum einen das bewahrte Ländliche des Kohrener Landes, das eine große Anziehungskraft auf Städter ausübt: Der Streitwald und das Hügelland laden zum Wandern, Reiten oder zu Kutschfahrten ein, ebenfalls lockt die sanierte Burg Gnandstein sowie die romanischen Burgrümpfe in Kohren. Und es sind zum anderen die kulturhistorischen Orte und familienfreundlichen Angebote wie das Lindenvorwerk, der Miniaturen- und Märchengarten sowie der von Moritz von Schwind gestaltete Pavillon oder das Mühlen- und Töpfermuseum, die Kunstinteressierte oder den Familientross in die zwischen Chemnitz und Leipzig gelegene Gegend reisen lassen. Empfangen werden seit 1928 die Besucher des Städtchens Kohren-Sahlis von einem imposanten Töpferbrunnen, den eine Marktfrau krönt. Geschaffen hat ihn der Frohburger Keramiker Kurt Feuerriegel (1880–1961). Seit 2018 steht Kohren-Sahlis unter der Verwaltung der Stadt Frohburg. Ursprünglich ging die Stadt aus der vor mehr als 1.000 Jahren erstmals erwähnten Ortschaft Kohren (seit 1934 im Gemeindeverbund mit Sahlis) hervor.

Die Reliefs stellen den Lehmabbau, das Modellieren bis hin zum zerbrochenen Krug dar

16

Töpfermuseum
Baumgartenstraße 18
04655 Frohburg
OT Kohren-Sahlis
034344 61547
www.frohburg.de

Informationen zum Töpfermarkt unter
www.kohrener-toepfermarkt.de

Den Mittelpunkt des Töpfermuseums in Kohren-Sahlis bildet eine im Original erhaltene Töpferstube, die den Arbeits- und den Wohnraum der Handwerker vereint. In dem Fachwerkhaus aus dem 17. Jahrhundert wurde bis ins Jahr 1957 dem Töpferhandwerk nachgegangen. Bewahrt wurden die Archivalien der 1656 in Kohren wirkenden Töpferinnung. Zu den Ausstellungsstücken gehören Töpferwaren aus fünf Jahrhunderten, ebenso die Sammlung kunstvoller Ofenkacheln.

Nicht weit entfernt vom Brunnen, am Wohnhaus von Julis Moses (1803–1867), ab 1844 Mosen genannt, erinnert eine Tafel an den Textdichter. Der war nach dem Jurastudium und der Arbeit als Rechtsanwaltsgehilfe in Kohren von 1831 bis 1835 als Gerichtsaktuar tätig. Hier schrieb er unter anderem das *Andreas-Hofer-Lied*, seit 1948 die Landeshymne Tirols.

Jeweils am dritten Mai-Wochenende findet in Kohren-Sahlis der traditionelle Töpfermarkt statt. Darüber hinaus bieten zwei Töpfereien Kohrener Keramik ganzjährig an.

17

Gellert-Museum Hainichen
Oederaner Straße 10
09661 Hainichen
037207 2498
www.gellert-museum.de

DIE WÜRDIGE HEIMSTATT DES FABELDICHTERS

Das Gellert-Museum

Das Gellert-Museum in der mittelsächsischen Kleinstadt Hainichen gehört zu den jüngeren Sammlungs- und Bildungsstätten, die heute im Freistaat Sachsen den Besuchern offenstehen. Eröffnet wurde es 1985.

Neben Friedrich Gottlob Keller (1816–1895), einem Erfinder, der 1843 die Papierherstellung revolutionierte, gilt der einem Pfarrershaushalt entstammende Erzieher, Schriftsteller und Gelehrte Christian Fürchtegott Gellert (1715–1769) als berühmtester Sohn der Stadt. Ihm wurde ein Museum gewidmet, das auch das Genre der Fabel in der bildenden Kunst als Sammlungsgebiet ausweist. Das Äußere des Gebäudes lässt vermuten, Gellerts Dasein wäre vom Wohlstand geprägt gewesen. Doch weit gefehlt: Die 1852 vom Hainichener Baumeister Johann Gottfried Krumbiegel für den Gelderben und privaten, theater- und literaturinteressierten Parkgestalter Julius Hermann Werner (1819–1860) errichtete Villa gelangte 1899 in städtischen Besitz.

Dass Christian Fürchtegott Gellert aus Geldmangel 1739 sein Studium in Leipzig unterbrechen musste, gibt Zeugnis von dessen finanzieller Situation. Hans Moritz von Brühl, einer von Gellerts Lieblingsschülern, hat dem Fabeldichter mit einer jährlichen Pension von 150 Talern das Bestreiten des Lebensunterhalts seiner letzten zehn Jahre erheblich erleichtert. Allein vom Lehren und erst recht vom Schreiben leben zu können, war schon früher eine Utopie. Selbst dem erfolgreichen Gellert blieben nur geringe Tantiemen.

Bestattet wurde Gellert auf dem Johannisfriedhof in Leipzig. Später wurde sein Leichnam in die Johanniskirche überführt. Nach deren Zerstörung im Zweiten Weltkrieg wurde die Pauliner Kirche Gellerts letzte Ruhestätte. Doch auch diese war ihm nicht lange gewährt worden. Im Zuge der Umgestaltung des Karl-Marx-Platzes wurde die intakte Kirche gesprengt und Gellerts sterbliche Überreste 1968 auf den Leipziger Südfriedhof umgebettet.

Das Museum besitzt eine einzigartige Sammlung von Grafiken zu Fabeln, die in Sonderausstellungen präsentiert wird und internationales Ansehen genießt. Den Schwerpunkt der Dauerausstellung *Belustigungen des Verstandes und des Witzes. Leben und Wirken von C. F. Gellert und die Geschichte der Fabel* bildet Gellerts gelehrte Familie und sein nicht minder gebildeter Freundeskreis.

HIER SCHWEBT SACHSEN

smac – Staatliches Museum für Archäologie

Es werde Licht oder besser gesagt, es ist Licht bei der Betrachtung unserer Vergangenheit. Eine im wahrsten Sinne des Wortes glänzende Exposition führt in diesem als Warenhaus errichteten Supermuseum zu einer Expedition in die Zeit der Jäger und Sammler bis zu den Anfängen der Industrialisierung in dem einst slawisch geprägten Gebiet. Ich empfehle, kurz vor Vollendung der vollen Stunde, die dritte Etage aufzusuchen. Verbunden mit Klangbildern erlebt der Besucher eine visuelle Montage verschiedener Bestandteile, die in den eigens dafür durchbrochenen Etagen die geologischen Schichten Sachsens nachbildet.

Zu jeder vollen Stunde bildet die Installation eines Sachsenmodells im Zeitraffer 300.000 Jahre nach

Wer die geordnete Reihenfolge bevorzugt, beginne freilich in der untersten, das heißt der ersten der drei Ebenen. Blickpunkt ist hier ein gläserner Neandertaler, der die Forschungsergebnisse der Paläoanthropologen sichtbar werden lässt. Gezeigt werden die anatomischen Unterschiede zu uns heutigen, sogenannten modernen Menschen. Deutlich wird dabei, wie sehr der Körper vom Klima geformt wurde. Überhaupt ist das Großartige der Ausstellung zum einen die brillante Optik und zum anderen

18

smac – Staatliches Museum für Archäologie Chemnitz
Stefan-Heym-Platz 1
09111 Chemnitz
0371 9119990
www.smac.sachsen.de

Museum für Naturkunde Chemnitz
Moritzstraße 20
09111 Chemnitz
0371 4884551
www.naturkundemuseum-chemnitz.de

der unaufdringliche Lerneffekt. Was Geschichte nachzuformen heißt, kann man zum Beispiel beim interaktiven Zusammenfügen eines ausgegrabenen, zerbrochenen Gefäßes erfahren.

Die Geschichte des Hauses selbst wird in den Erkerausstellungen über den Architekten Erich Mendelsohn und den Schocken-Konzern in Form von Zeitstrecken gezeigt und rückt damit die jüngere deutsche Geschichte, wie die Zwangsenteignung durch die Nationalsozialisten, näher an unsere Gegenwart heran. Mahnend, jedweder sozialer oder rassistischer Ausgrenzung frühzeitig entgegenzuwirken. Die Kaufhaus-Schließung 2001, mangels ausreichernder Kaufkraft, gehört dann schon in die Zeit der neuen Armut unserer Tage.

Gleichfalls in einem früheren Kaufhaus, dem *DAStietz*, lädt der »Versteinerte Wald« im Innenhof zum Besuch des Naturkundemuseums ein.

19

Messalina
von Alexej von Jawlensky, 1912

Museum Gunzenhauser
Stollberger Straße 2
09119 Chemnitz
0371 4884424
www.kunstsammlungen-chemnitz.de

Kunstsammlungen am Theaterplatz
Carlfriedrich Claus-Archiv
Theaterplatz 1
09111 Chemnitz

GEZEIGTE GRÖSSE EINES MÄZENS

Das Museum Gunzenhauser

Es war das weltoffene Klima, das Chemnitz für Musen zugänglich und zu einem Ort zeitgenössischer Kunst geformt hat. Von sich reden macht bis heute die seit 1973 bestehende Galerie Oben.

Gewiss galt es dem Kunstliebhaber und Galeristen Alfred Gunzenhauser als ein Zeichen für die Verortung seiner hochkarätigen Sammlung, dass sich die Städtischen Kunstsammlungen am Theaterplatz in den 1980er-Jahren auf das Werk von Karl Schmidt-Rottluff spezialisiert haben. Der Künstler zählte zu jenen Expressionisten, die vor dem Regime der Nationalsozialisten und deren »Kunstsäuberungen« in dem zu Beginn des 20. Jahrhunderts errichteten Museum ihren Platz hatten.

Alfred Gunzenhauser waren durchaus die Verluste bewusst, die der Stadt Chemnitz während der Herrschaft der Nationalsozialisten zugefügt wurden, galt doch die kommunale Sammlung als eine der bekanntesten Expositionen zeitgenössischer Kunst in Deutschland.

Als Ende 2007 das Museum Gunzenhauser als der neueste Teil der *Kunstsammlungen Chemnitz* öffnete, ging dies wiederum mit der Umwidmung eines Gebäudes einher. 1930 als Hauptsitz der Chemnitzer Sparkasse errichtet, wurde es nach Plänen des Architekten Volker Staab in ein Kunstjuwel verwandelt. Alfred Gunzenhauser hatte 1954 begonnen, Kunst zu sammeln. Schließlich trug er etwa 2.500 Werke zusammen, deren Wert einen dreistelligen Millioneneurobetrag ausmachte. Chemnitz war gut beraten, seiner Stiftung ein Museum zur Verfügung zu stellen. Dass in Gunzenhausers Privatsammlung mehr als jedes zehnte Exponat ein Werk von Otto Dix ist, markiert deren Schwerpunkt. Ich habe es genossen, zu Dix' Werken in diesem einzigartigen Treppenhaus aufzusteigen. Und wie überall ist es der Kontext zu vielen anderen Bildern aus der Weimarer Republik, der überzeugt. Genannt sei stellvertretend der mit 77 Gemälden und Grafiken vertretene Alexej von Jawlensky. Im Vorfeld einer Versteigerung des Münchner Auktionshauses *Ketterer Kunst* im Dezember 2021 wurde Jawlenskys Bild *Frauenkopf mit Blumen im Haar*, das aus einer Sammlung im Raum Frankfurt am Main stammt, von Experten bereits auf etwa 3,5 Millionen Euro taxiert.

So großartig der eine Teil ist, spricht er doch nicht fürs Ganze. Besuchen Sie ebenfalls die Kunstsammlungen Chemnitz am Theaterplatz; finanziell lohnt sich damit das Kombi-Ticket.

»Was ist ein Proletarier?«, fragt der Arbeitnehmer

Das Karl-Marx-Monument an der Straße der Nationen

Für Bilderstürmer erwies sich nach dem Ende der DDR das rund 40 Tonnen schwere Karl-Marx- Monument als zu mächtig. In vier Sprachen prangt der Schriftzug »Proletarier aller Länder, vereinigt euch!« auf der Plastik, die weltweit als zweitgrößte Porträtbüste gilt. Das mag sicherlich so manchen heutigen Herrscher zum Übertrumpfen verleiten.

Bärtige und Langhaarige galten in den 1960ern in der DDR als suspekt. Jugendliche wurden immer wieder auf Polizeiwachen zur »Feststellung der Personalien« festgehalten, da ihr Äußeres nicht mehr dem Kinderfoto im Personalausweis entsprach, den man mit 14 Jahren ausgestellt bekam. Das 1971 nach künstlerischen Entwürfen von Lew Kerbel aufgestellte Marx-Denkmal war somit auch ein bronzener und überdimensionaler Meilenstein für ein Anderssein und half durchaus dabei, mehr Individualität nach außen zu tragen. Eine Revolte im Kleinen, die heute kaum mehr vorstellbar ist.

Im Jahre 2018 bekam endlich auch Trier, Marx' Geburtsstadt, ihre Skulptur nahe der Porta Nigra. Sie wurde von Wu Weishan entworfen und zeigt allerdings nicht den jungen Karl, sondern gleichfalls den Gelehrten Dr. Marx. Das neue Wahrzeichen ist ein Geschenk Chinas, dessen Bürger als Touristen in großer Zahl in die Bischofsstadt reisen, um das Marx-Haus zu besuchen.

Eine Diskussion wie in Trier gab es in der DDR um das Aufstellen des Marx-Monuments selbstverständlich

20

Karl-Marx-Monument
Brückenstraße 10
09111 Chemnitz
www.chemnitz.de

Deutsches SPIELEmuseum
Neefestraße 78a
09119 Chemnitz
0371 306565
www.deutsches-spielemuseum.de

nicht. Es sollte das Gesicht der sozialistischen Stadt prägen, die Moderne verkörpern und zugleich die Kulisse für propagandistische Veranstaltungen bilden. Dass der Volksmund den Marx-Kopf »Nischel« nennt, passt zum sächsisch-gemütlichen Idiom. Dass hingegen das Marketing in Chemnitz den Slogan »Stadt mit Köpfchen« ausgab, gehört eher in den Bereich der Fehlleistungen und wurde 2007 korrigiert.

Zu »Köpfchen« passt freilich das *Deutsche SPIELEmuseum* in der rund fünf Kilometer entfernten Neefestraße, das tausende Brett- und Computerspiele vereint, von denen etliche vor Ort auch ausprobiert werden können.

21

Priesterhäuser Zwickau
Domhof 5–8
08056 Zwickau
0375 834551
www.priesterhaeuser.de

Kunstsammlungen Zwickau Max-Pechstein-Museum
Lessingstraße 1
08058 Zwickau
0375 834510
www.kunstsammlungen-zwickau.de

DAS ÄLTESTE ERHALTENE WOHNBAUENSEMBLE SACHSENS

Die Priesterhäuser in der Stadtmitte

In die älteste Wohnbebauung Sachsens darf man in Zwickau einen Blick werfen. Von den einst zwölf Gebäuden, deren Bestand seit 1521 in einem Ratsprotokoll verbürgt ist, bietet nach einer aufwendigen Rekonstruktion seit 2003 ein Ensemble von vier Häusern Einblick in das Leben und Wirken der Priester, Glöckner, Schulmeister und Bediensteten von St. Marien. Zur Besichtigung laden Stube, Kammer, Küche ein, ebenso Vorratskeller und Bodenkammer, in denen mittelalterliche Exponate zur Ausstattung gehören.

Im Zusammenhang mit der Sanierung der Häuserzeile ergaben archäologische Forschungen, dass der heutige Bestand in seinen Grundfesten auf das Jahr 1466 zurückzuführen ist. Der Grundstein eines der Häuser wurde allerdings, entsprechend der dendrochronologischen Datierung, bereits 1264 gelegt. Mit einem Neubau hat die 1118 als »territorium Zcwickaw« erwähnte, heute viertgrößte Stadt des Freistaates das Areal zur Darstellung der eigenen Stadtgeschichte erweitert und stellt die Besiedelung von Stadt und Region vor. Auch dabei bilden das Mittelalter und die Bergbaugeschichte einen Schwerpunkt, schließlich wurde die an der Sächsisch-Böhmischen Silberstraße gelegene Hochschulstadt schon früh durch den Arzt und Gelehrten Georgius Agricola (1494–1555) geprägt. Zu sehen sind in der Dauerausstellung im Querschnitt die Nachbildung eines Bergbaustollens und Exponate der Zwickauer Porzellankunst, deren

Ära bis ins 19. Jahrhundert zurückreicht und 1971 mit der Schließung der Porzellanfabrik Friedrich Kästner zu Ende ging. Auch zeigt die einst reiche Stadt einen Teil ihres Ratsschatzes.

Die Ratsschulbibliothek, mit ihrer Sammlung historischer Handschriften und Drucke, ist ein Kleinod der Bibliotheksgestaltung. Nebenan ist das Max-Pechstein-Museum mit seiner Sammlung der Kunst der Moderne und aus der Zeit der Gotik und des Barock zu finden.

EIN DEN MUSEN OFFENER ORT

Das Robert-Schumann-Haus

Die Geltung von Robert Schumanns (1810–1856) Werk und Wirken zeigt sich in Deutschland an vier Würdigungsplätzen: in Zwickau, Leipzig, Düsseldorf und Bonn-Endenich. In Leipzig begann Schumanns Studentenleben, Jahre später nahm er bei Friedrich Wieck und Heinrich Dorn professionellen Klavier- und Kompositionsunterricht, lernte im Hause Wieck Clara kennen und erstritt sich auf dem Gerichtswege 1840 die Erlaubnis zur Eheschließung mit ihr. Aufgeteilt in acht Bereiche zeigt das Robert-Schumann-Haus am Hauptmarkt, das 1910 anlässlich des 100. Geburtstages des Musikers im rekonstruierten Geburtshaus eröffnet wurde, die wohl umfassendste Sammlung zum Leben und Werk des Musikerpaares Robert und Clara Schumann.

Wilhelm Wieck, ein Cousin Clara Schumanns, baute diesen Flügel, der über ein Pedalier verfügt

Besondere Aufmerksamkeit widmet die Ausstellung Roberts Elternhaus. Zwei Jahre vor der Geburt ihres fünften Kindes waren Johanna Christiana und August Schumann aus dem thüringischen Ronneburg nach Zwickau gekommen. August Schumann war zu der Zeit bereits ein geachteter Kaufmann und Schriftsteller und gründete zusammen mit seinem Bru-

22

Robert-Schumann-Haus Zwickau
Hauptmarkt 5
08056 Zwickau
0375 834406
www.schumann-zwickau.de

Tourist-Information Zwickau
Hauptstraße 6
08056 Zwickau
0375 2713240
www.zwickautourist.de

der Friedrich die Buchhandlung und das Verlagshaus »Gebrüder Schumann«, dessen Programm eine »ausführliche geographische, topographische und historische Darstellung aller Städte, Flecken, Dörfer, Schlösser, Höfe, Gebirge, Wälder, Seen, Flüsse« in Sachsen bot sowie »neue Verdeutschungen ausländischer Classiker«. In diesem Umfeld verwundert es nicht, dass Schumann, der bereits als Fünfjähriger Klavierunterricht erhielt, als Heranwachsender Verse schrieb: »Es drängte mich imer zum Producieren, schon in frühesten Jahren, war's nicht zur Musik, so zur Poësie«. Kein Dichter, aber umso mehr ein Tondichter ist aus Robert Schumann geworden. Keinen Deut gealtert ist die 1841 vom Leipziger Gewandhausorchester uraufgeführte *Frühlingssinfonie*.

Zwickau ist eine Musikstadt mit Konzertreihen und dem Internationalen Robert-Schumann-Wettbewerb. Vorab Karten zu reservieren empfiehlt sich.

23

August Horch Museum Zwickau
Audistraße 7
08058 Zwickau
0375 2717380
www.horch-museum.de

Volkswagen Sachsen
Die Gläserne Manufaktur
Lennéstraße 1
01069 Dresden
0351 42040
www.volkswagen-sachsen.de

Einsteigen in den Volkswagen des Ostens

Das August Horch Museum

Das Logo der von August Horch (1868–1951) gegründeten Automobilwerke GmbH reiht auf einem »H« den Namen des Automobilbauers wie die Zacken einer Krone auf. Es stammt aus dem Jahr 1925, als August Horch schon nicht mehr zum Unternehmen gehörte. Nach einem Zerwürfnis mit dem Aufsichtsrat gründete er 1910 die Audi Automobilwerke Zwickau.

Während der Mangelwirtschaft gab es neben der eigentlichen Produktion auch die von Konsumgütern

Nach dem verlorenen Markenrechtsstreit war in der lateinischen Befehlsform von »horch!« der neue Firmenname Audi gefunden. Die vier Ringe, das heutige Markenzeichen von Audi, gehen auf die Gründung der *Auto Union AG* im Jahre 1931 zurück, die die Marken Audi, DKW, Horch und Wanderer vereinte. Während des Nationalsozialismus war die *Auto Union* Teil des Rüstungsprogramms und fertigte unter anderem den geländegängigen *Horch 901* für die deutsche Wehrmacht in hohen Stückzahlen. Das Werk wurde infolgedessen nach Kriegsende im Rahmen der zu leistenden Reparation fast vollständig demontiert und 1948 aus dem Handelsregister gelöscht. Mit der

Produktion des IFA F8, eines mit dem früheren DKW F8 baugleichen Fahrzeugs, dessen Karosse zum Teil aus Holz und Kunstleder bestand, begann 1949 im VEB Kraftfahrzeugwerk Zwickau eine neue Ära. Zu den Erfolgsmodellen gehörte ab 1953 die Limousine IFA P9 mit 28 PS und einer Höchstgeschwindigkeit von 110 Kilometern pro Stunde.

Die 1958 staatlich verordnete Fusionierung mit dem einstigen Horchwerk, dem nachfolgenden VEB Sachsenring Kraftfahrzeug- und Motorenwerke, zum VEB Sachsenring Automobilwerke Zwickau, kreierte mit der Marke Trabant den Volkswagen des Ostens, der bis 1991 produziert wurde.

Neben den zu bestaunenden, glänzenden Horch-Klassikern im Umfeld eines 1:1 Modells einer historischen Tankstelle und dem Besuch partieller (natürlich geschönter) DDR-Idyllen kann im Museum ein Trabant (inklusive des typischen Knatterns) auch selbst gesteuert werden.

Dass Automobilität in Zwickau auch heute für Innovation steht, zeigt die Herstellungspalette des VW-Werkes, die hundertprozentig auf die Produktion von Elektrofahrzeugen setzt.

Das Gegenteil vom Musealen bietet in Dresden eine Führung durch die Gläserne Manufaktur, welche sich mit dem Kombiticket des Verkehrsmuseums oder der Semperoper verbinden lässt.

DES VOGTLANDS »HAND-WERKER-KUNST«

Das Plauener Spitzenmuseum

Plauener Spitze, das ist eine Marke wie *Meissener Porzellan*, nur dass ihr Ruhm um einiges jünger ist. Der Grand Prix auf der Pariser Weltausstellung 1900 krönte ein Jahrzehnt nach der Gründung der Vogtländischen Maschinenfabrik eine hervorgebrachte Qualität, die noch um 1828 als Weißstickerei das »Hand-Werk« Tausender Hände war. Der Übergang in die industrielle Fertigung war mit der Entwicklung der entsprechenden Technik, den Schiffchenstickmaschinen im Ausgang des 19. Jahrhunderts, verbunden und ließ Tüllspitze fortan mechanisch herstellen. Damit endete eine Ära, die mehr als zwei Jahrhunderte zuvor in und um Plauen im Tuchmacherhandwerk seinen Ursprung fand. Denn ebenso wie das benachbarte Erzgebirge war auch das Vogtland Heimat der Heimarbeiter. In Handarbeit hergestellte Näharbeiten und Stickereien verbreiteten sich in beiden Landstrichen. Sie ernährten die Familien und bildeten darüber hinaus nicht selten Gemeinschaften für Gesang und Geselligkeit. Als wesentlich für die meisterliche Ausführung der

Die Maschinenstickerei, zu nennen ist der Konstrukteur Robert Zahn, führte zu erschwinglichen Preisen

24

Plauener Spitzenmuseum im Alten Rathaus
Altmarkt
08523 Plauen
03741 2912474
www.plauen.de

Drachenhöhle Windmühle Syrau
Höhlenberg 10
08548 Rosenbach OT Syrau
037431 3735
www.syrau.de

im Vogtland gefertigten Spitze ist neben den heutigen modischen Trends die Pflege der Tradition anzusehen, die sich im Tragen der Trachten zeigt und deren meist ausgeschmückte Muster in Spitze gefertigt sind.

Im Plauener Spitzenmuseum lässt sich nicht nur das »kunstvolle Nichts« zwischen den Garnen bestaunen, denn es sind die Löcher zwischen den Fäden, die die Spitze ausmachen. Auch die Unterschiede zwischen Ätzspitze und Tüllspitze oder Nadelspitze und Klöppelspitze kann man herausfinden. Ihren wirtschaftlichen Aufstieg verdankt die Stadt Plauen der Spitzenherstellung, die noch heute von Firmen in der Region betrieben wird. Gefertigt werden Gardinen, Tischwäsche, Brautkleider und Dessous. Anschaffungen, die meist in umgekehrter Reihenfolge getätigt werden.

Die 1928 entdeckte Höhle, seitdem zugänglich als *Drachenhöhle*, im acht Kilometer entfernten Syrau, bietet in 15 Metern Tiefe eine eindrucksvolle Lasershow inmitten von Höhlenseen.

25

Deutsche Raumfahrtausstellung Morgenröthe-Rautenkranz
Dr.-Sigmund-Jähn-Straße 4
08262 Muldenhammer
037465 2538
www.deutsche-raumfahrtausstellung.de

WO GIBT ES RÄUCHERMÄNNEL IM RAUMANZUG?

Die Deutsche Raumfahrtausstellung im Vogtland

»Sigmund Jähn, der erste Deutsche im All!«, verkündete im Sommer 1978 stolz die SED-Propaganda entgegen der üblichen Sprachregelung, die bald nach dem Mauerbau damit begonnen hatte, die Bevölkerung nicht mehr als Deutsche, sondern als DDR-Bürger zu bezeichnen.

Nachdem im vogtländischen Morgenröthe-Rautenkranz, dem Geburtsort des »Fliegerkosmonauten« (DDR-Wortfindung), zunächst in einem ehemaligen Bahnhof eine Ausstellung das Ereignis in bescheidener Form würdigte, konnte im Jahre 2007 das erweiterte Areal bestückt und bezogen werden. Zu sehen sind viele maßstabsgerechte Modelle von Flugkörpern sowie auch Geräte gängiger Medizintechnik, die anfangs für die Raumfahrt entwickelt wurden.

Gut beraten ist, wer den Ausstellungsbesuch mit dem Film *Reise zur ISS* beginnen kann. Je nach Besucherfrequenz wird dieser mehrmals am Tag gezeigt. Der 30-minütige Film zeigt die Vorbereitung und erfolgreiche Ausführung einer Ankopplung an die bemannte Internationale Raumstation. Wobei »bemannt« inzwischen ein überholter Begriff ist, denn schon bei zahlreichen Weltraum-Missionen waren Frauen im Einsatz. Hervorzuheben sind der Solo-Weltraumflüg der sowjetischen Kosmonautin Walentina Tereschkowa (*1937) im Jahre 1963 sowie der Einsatz der Amerikanerin Serena Auñón-Chancellor (*1976); sie verbrachte 2018 mehr als ein halbes Jahr in der International Space Station (ISS).

Neben dem Flug Jähns (1937–2019) an der Seite des Sowjetkommandanten Waleri Bykowski (1934–2019) bildet die Hinwendung zu allen deutschen Astronauten, von denen originale Bordanzüge, Kleidungsstücke, Ausrüstungsteile und signierte Fotografien ausgestellt sind, einen weiteren Ausstellungsschwerpunkt. Spürbar ist dabei die Verbundenheit dieser und weiterer Raumfahrer zur Deutschen Raumfahrtausstellung. Die Verletzbarkeit unseres Planeten wird im Sinne Jähns gerade von jenen zur Sprache gebracht, die sich diese Draufsicht unter hohem Einsatz erarbeitet haben: »Unsere Erde, in leuchtendes Blau gehüllt. Einfach traumhaft.«

Wird man im All leichter oder schwerer? Wer wissen möchte, welches Körpergewicht er oder sie auf dem Mars oder auf dem Mond auf die Waage bringt, kann es in der Raumfahrtausstellung erfahren.

DIE SCHÖNHEIT DER PROVINZ

Im Zentrum der Erzgebirgskreisstadt

Wie reich eine Stadt ist oder war, lässt sich oft an der Größe ihrer Kirche abschätzen. Annabergs St. Annenkirche misst mit seinem begehbaren Turm knapp 80 Meter Höhe und gilt als größte spätgotische Hallenkirche Sachsens. Geprägt hat den Reichtum der Stadt dereinst der Silberbergbau. Nach einer 25-jährigen Bauzeit wurde das Gotteshaus 1519 geweiht. Auf das Jahr 1521 geht der von Hans Hesse (1470–1539) geschaffene Altar zurück. Dieser zeigt vier Gemälde, die als zeitgemäße Bilderzählung die Mühsal des Bergbaus nicht allzu deutlich werden lassen. Für die 2020 der Corona-Pandemie zum Opfer gefallenen Ausstellung *Boom. 500 Jahre Industriekultur in Sachsen* war dieser Altar ein Schlüsselbild. Die mehr als acht Jahrhunderte zählende Geschichte des Erzabbaus, die der Region ihren Namen gab, gehört im Verbund mit dem tschechischen Krušnohoří als Montanregion seit 2019 zum UNSECO-Welterbe.

Als Höhepunkt des Jahres gilt im Weihnachtsland die Adventszeit, diese am besten nicht versäumen

Als *das* Weihnachtsland ist das Erzgebirge bekannt und mit seinen Weihnachtsmärkten ein beliebtes Ausflugsziel. Es ist die magische Mischung aus Licht und Gerüchen, Stimmen

26

Im Zentrum der Erzgebirgskreisstadt steht die **St. Annenkirche**
Evangelisch-Lutherische Kirchgemeinde
Kleine Kirchgasse 23
09456 Annaberg-Buchholz
03733 23190
www.annenkirche.de

Tourist-Information
Buchholzer Straße 2
09456 Annaberg-Buchholz
03733 19433
www.annaberg-buchholz.de

und Klängen, Kunst und Gewerbe, die die Anziehungskraft ausmacht. Besonders atmosphärisch ist der Widerschein der Schwibbögen in der verschneiten Landschaft; etwas, das in dieser Region nicht selten gut ein Drittel des Jahres zu erleben ist. Insofern sei auf eine sommerliche Tradition hingewiesen. Gleichfalls seit mehr als einem halben Jahrtausend wird das Trinitatisfest gefeiert, *Annaberger Kät* genannt, was mundartlich von »Dreifaldichkat« (Dreifaltigkeit) stammt. Es ist eines der ältesten deutschen Volksfeste, das jeweils zwei Wochen nach Pfingsten stattfindet und inzwischen austauschbare Angebote von Schaustellern, Fahrgeschäften und Gastronomie vereint. Ein Feuerwerk vom Hang des Pöhlbergs gehört zur heutigen *Kät*.

Adam Ries (1492–1559) wurde 1525 in der Annenkirche getraut; sein Name gilt bis heute für die Richtigkeit eines Ergebnisses. Im einstigen Wohnhaus des Rechenmeisters befindet sich das Adam-Ries-Museum.

27

Erzgebirgisches Spielzeugmuseum
Hauptstraße 73
09548 Kurort Seiffen
037362 17019
www.spielzeugmuseum-seiffen.de

Erzgebirgisches Freilichtmuseum
Hauptstraße 203
09548 Kurort Seiffen
037362 8388
www.seiffen.de

Zu Besuch bei den »Männelmachern«

Im Erzgebirgischen Spielzeugmuseum

Seiffen ist anheimelnd, eine Idylle, ein Mekka für alle Liebhaber des deutschen Weihnachtslandes. Dementsprechend überlaufen ist der Ort im Winter. In der Straße, die zum Spielzeugmuseum führt, sind die Schaufenster der Kunsthandwerker aufgereiht. Schauen ist erwünscht, kaufen geboten. Und das umso dringlicher, als dass der Branche in Zeiten der Corona-Pandemie allerorten die (Weihnachts-)Märkte weggebrochen sind. Ist es doch vor allem diese Atmosphäre im Advent, die die Erzgebirgische Volkskunst in ein Licht zu versetzen vermag, wie es keinem Monitor und keinem Display möglich ist.

Die Stuben, in denen Arbeiten und Wohnen ineinander überging, wirken idyllisch

Entstanden ist die traditionelle Schnitzkunst, die heute so typisch für das Erzgebirge ist, aus Geschick und Geschicklichkeit. Waren es zunächst Holzteller und -schaufeln, die im Bergbauort Seiffen hergestellt und von Hausierern in Nah und Fern feilgeboten wurden, entwickelte sich parallel zum Abschwung der Zinnförderung ab dem ausgehenden 18. Jahrhundert das Holzwarengewerbe. Das belegen die akribisch geführten Steuererhebungsunterlagen und bald schon sicherten sich zwei Drittel der Seiffener ihren Lebensunterhalt durch die Fertigung von Spiel- und Holzwaren. Kinderarbeit gehörte selbstverständlich bis Mitte des 20. Jahrhunderts dazu. Einfluss auf das Sortiment, das zunehmend filigraner wurde, nahmen neben der Motivwahl vornehmlich aus der Bibel auch Rahmenumstände wie Zollbestimmungen und gestiegene Holzpreise. Der Favorit bis heute sind die aus mehreren Etagen bestehenden, dem Karussell verwandten Weihnachtspyramiden – die über sechs Meter hohe Holzpyramide im Spielzeugmuseum veranschaulicht das eindrücklich. Neben den beliebten Engelschören erinnern dabei Figuren in Bergmannstrachten an die Zeit, als die sogenannten Eigenlehner in Tief- und Tagebau Zinn förderten. Auf mehreren Etagen zeigt das Spielzeugmuseum diese Entwicklung, von der Schachtelware bis zur Parade der Pyramiden.

In Seiffens Erzgebirgischem Freilichtmuseum ist das älteste original erhaltene Wasserkraftdrehwerk zu besichtigen und man kann erleben, wie die Technologie des Reifendrehens die Normierung forcierte.

Die Ungeduld des Herrschers

Schloss Augustusburg auf dem Schellenberg

Es war der eiserne Verschlag, der mich bei meinem ersten Besuch der Augustusburg nachhaltig beindruckte. Er ist am ortsnahen Ausgang der Burganlage zu finden und sichert einen mittelalterlichen Pranger. Angesichts des riesigen Areals der Burganlage wirkt er unscheinbar und man fragt sich, für welches Strafmaß er Verwendung fand. Bei Missetaten wie Diebstahl oder Raub wurde man – je nach Wert des Gestohlenem – eher einen Finger oder Kopf kürzer gemacht. In dem Zusammenhang sei eine Statistik aus dem Jahre 1892 erwähnt, der zufolge auf »100 000 strafmündige Personen der Civilbevölkerung« 316 wegen Diebstahls verurteilte Sachsen kamen, während der Durchschnitt im Deutschen Reich bei 285 Verurteilten lag. Karl May, der immer mal wieder kleinkriminelle Delikte zu verantworten hatte, war also in zahlreicher Gesellschaft.

Die öffentliche Bloßstellung galt als sichtbare Gerichtsbarkeit und sollte zur Abschreckung gemahnen

Keinem Geringeren als Hieronymus Lotter übertrug der sächsische Kurfürst August die Bauaufsicht für das großräumig errichtete Jagd- und Lustschloss auf dem Schellenberg, das sich auf eine bereits bestehende Burganlage gründete. Lotter, auch Baumeister des

28

Schloss Augustusburg
Schloss 1
09573 Augustusburg
037291 3800
www.die-sehenswerten-drei.de

Schloss und Park Lichtenwalde
Schlossallee 1
09577 Niederwiesa OT Lichtenwalde
037291 3800
www.die-sehenswerten-drei.de

Leipziger Renaissance-Rathauses oder des Rathauses von Pegau, hinterließ seine deutliche Handschrift in Form der Proportionen und der Symmetrie. Lotter zog sich allerdings rasch den Unmut des Kurfürsten zu, dem die Fertigstellung seiner Residenz viel zu langsam voranschritt. Aus heutiger Sicht ist das nicht nachzuvollziehen. Bestanden doch ein Jahr nach der Grundsteinlegung drei der vier Eckgebäude und nach zwei Jahren bereits die Schlosskirche. Die festliche Einweihung fand im Januar 1572 statt und ließ die Bauzeit unter vier Jahren bleiben. Heute birgt das sanierte Areal unter anderem ein Motorrad- und ein Kutschenmuseum sowie passenderweise den Sächsischen Adler- und Jagdfalkenhof.

In 15 Kilometer Entfernung lädt der Barockgarten vom Schloss Lichtenwalde zum Besuch ein. Angelegt im 18. Jahrhundert erlangte er 2004 wieder seine frühere Pracht und ist berühmt für seine Wasserspiele.

29

Schloss Wackerbarth
Wackerbarthstraße 1
01445 Radebeul
0351 89550
www.schloss-wackerbarth.de

DEN ALLTAG ABSATTELN AM LÖSSNITZER WEINBERG

Das Weingut Schloss Wackerbarth

Hier ist der berühmte Platz an der Sonne, für die Trauben, die in diesem Landstrich ihre volle Reife erlangen, und für die Besucher, deren Sinne eine Auffrischung erfahren. Die Radebeuler Region bereitet dem Weinanbau seit Jahrhunderten den Boden. Zum einen durch ihre mineralische Gesteinsstruktur. Zum anderen durch ihre Lage nahe der Dresdner Residenzstadt.

Rings um den Pavillon bietet Schloss Wackerbarth eine Genussanhöhe und vielfältige Veranstaltungen

August Christoph Graf von Wackerbarth (1662–1734), im Staatsdienst August des Starken vornehmlich als eine Art »Bauminister« in Kursachsen tätig, ließ sich auf dem Lößnitzer Areal nieder, zu dem Felder, Wiesen und Weinberghänge gehörten. Um 1730 wurden die Arbeiten an seinem Alterssitz »Wackerbarths Ruh« nach Entwürfen von Johann Christoph Knöffel (1686–1752) beendet, der 1745 zum Leiter des Sächsischen Hof- und Zivilbauamtes avancierte. Für die damalige Zeit erlangte der Graf mit 72 Jahren ein relativ hohes Alter und vererbte das Anwesen, zu dem ein Herrenhaus sowie die barocke Gartenanlage nebst dem Belvedere gehörten, seinem Adoptivsohn Joseph

Anton Gabaleon von Wackerbarth-Salmour (1685–1761). Der hatte seine Karriere in Dresden als Kammerherr begonnen und schließlich 1756 den Vorsitz des Geheimen Rates am sächsischen Hof inne. Dessen letzter Wille war es, dass das Weingut versteigert werde und der Erlös den Armen zugutekomme. Seither wechselte mehrmals der Besitzer; ab 1950 firmierte »Wackerbarths Ruh« schließlich als »Volksweingut Radebeul« und forcierte alsbald die Sektproduktion. Nach dem Ende der DDR wurde es 1992 vom Staatsministerium für Landwirtschaft des Freistaates Sachsen übernommen und besteht nunmehr seit 1999 als Tochter der Sächsischen Aufbaubank fort. Geld kann man nicht essen, schon gar nicht trinken, aber es vermag eine Tradition zu bewahren, die zu den besten in Sachsen zählt.

Sich durch das barocke Ambiente führen zu lassen, ist das eine. Beim Verkosten sächsischer Lebensart nachzuschmecken, das andere. Zu empfehlen ist unter anderem der Goldriesling.

DER SELBSTERNANNTE »DR.« CARL MAY

Besuch im Karl-May-Museum

Gibt es das noch, ein Buch in einer Nacht durchzuschmökern? Bei mir war es als Heranwachsender *Winnetou* des sächsischen Bestsellerautors Karl May (1842–1912, eigentlich Carl Friedrich May), eine der grünen Hardcover-Ausgaben aus dem Bamberger Karl-May-Verlag, die mir ein Mitschüler geborgt hatte. Die Erstausgabe aus dem Jahre 1893, in Leinen gebunden, erschienen im Freiburger Verlag von Friedrich Ernst Fehsenfeld in der Reihe der Gesammelten Reiseerzählungen, gehört zum Bestand des opulenten Arbeitszimmers des Erzählers May. Das nach ihm benannte Museum in Radebeul hat diesen Raum weitgehend in dem Zustand erhalten, wie ihn der gleichermaßen gefeierte wie geächtete Schriftsteller nach seinem Tode verlassen hat. Das Zimmer mit seinem Standglobus, den exotischen Möbelstücken, der beeindruckenden Bibliothek und dem Schreibtisch mit Federhalter und Manuskript ist eine perfekte Inszenierung.

1908 erschien der erste Band einer in drei Teilen angelegten, illustrierten Winnetou-Ausgabe. Im selben Jahr begab sich May, damals schon Mitte 60, erstmals auf eine mehrwöchige Amerikareise und besuchte einige der von ihm beschriebenen Orte im »Wilden Westen«. Zurückgekehrt, begann er mit der Arbeit an *Winnetou IV*. Das 1910 veröffentlichte Werk über das Gute und die Versöhnung sollte das letzte sein, das Karl May neben seiner Autobiographie *Mein Leben und Streben* vollendete. Schwerpunkte des heutigen Museumskomplexes, zu dem die 1928 unter der Leitung von Mays Witwe auf dem Wohngrund-

30

Karl-May-Museum Radebeul
Karl-May-Straße 5
01445 Radebeul
0351 8373010
www.karl-may-museum.de

Karl-May-Haus
Karl-May-Str. 54
09337 Hohenstein-Ernstthal
03723 42159
www.karl-may-haus.de

stück errichtete »Villa Bärenfett« gehört, sind einerseits Relikte, die das Werk Mays illustrieren, und andererseits Sammelstücke, die das Leben und die Geschichte der nordamerikanischen indigenen Völker abbilden. Zu sehen sind Nachbildungen aus Karl Mays literarischem Fundus wie die Gewehre »Henrystutzen«, »Bärentöter« und »Silberbüchse« sowie perlenbestickte Kleidung und lebensgroße Szenerien indigener Gruppen.

Empfohlen sei das Geburtshaus des Schriftstellers in Hohenstein-Ernstthal. Falls sich die Route mit Radebeul verbinden lässt, dann möglichst einkehren im Hotel *Drei Schwanen*; ein Ort, an dem May als Vortragsredner gefeiert wurde.

81

Staatliche Porzellan-Manufaktur Meissen Erlebniswelt HAUS MEISSEN
Talstraße 9
01662 Meißen
03521 468208
www.meissen.com

DAS MEISSENER – ERHALT DER MARKE

Porzellan-Manufaktur und -Museum Meissen

Porzellan ist fragil. In Zeiten, in denen die Nachfrage und damit die Gewinnmarge abnimmt, gilt das auch für die Finanzlage von Porzellanherstellern. Eine der weltweit bekanntesten Manufakturen ist die in Meißen, wo auf der dortigen Albrechtsburg 1708 die europäische Porzellanherstellung ihren Anfang nahm. Der auf die Feste Königstein verbrachte Alchimist Johann Friedrich Böttger (1682–1719) hatte unter dem Einfluss des weniger bekannten Naturforschers Ehrenfried Walther von Tschirnhaus (1651–1708) die richtige Mischung aus Kaolin, Quarz und Feldspat für das »weiße Gold« gefunden. Allerdings musste der experimentierfreudige Apothekergehilfe Böttger die angekündigte Herstellung des güldenen Edelmetalls August dem Starken (1670–1733) schuldig bleiben. Der Sohn eines Münzmeisters hatte sich zuvor dem Sachsenkönig mit dem Versprechen, Gold herstellen zu können, vollmundig angedient, um sich unter seinem Schutz dem Zugriff von Friedrich I., König in Preußen, zu entziehen.

Beispiele der Meissner Modellierkunst bietet die Porzellan-Ausstellung in Fülle

Dank der vom Freistaat Sachsen 2014 veranlassten und von ihm getragenen Meissen Porzellan-Stiftung kann nicht allein dieses Luxusgut überleben und die mit den berühmten kobaltblauen Kurschwertern zertifizierte Ware in alle Welt getragen, sondern auch die Meisterschaft in Formgebung und Gestaltung des Hartporzellans an die nachwachsende Generation weitergegeben werden.

Serien aus den rund 200.000 Einzelformen wie die von Johann Joachim Kaendler (1706–1775) geschaffene *Affenkapelle* oder die als *Hentschelkinder* bezeichneten Figuren von Konrad Hentschel (1872–1907) zeigt die Ausstellung ebenso wie Einzelstücke aus der Fabelwelt oder Abbilder verschiedener Berufs- und Ständegruppen. In der Schauwerkstatt erlebt der Besucher die Arbeitsgänge des Formens, Bossierens und der Handmalerei.

Meißen ist Meissen, das wird auch im Straßenbild der Elbestadt deutlich. Gekreuzte Schwerter (allerdings hier weiß auf Asphalt) weisen auf den Fahrspuren den Weg zum Porzellan-Museum.

Der Prunkbau »der« und nicht des Sempers

Die Semperoper auf dem Theaterplatz

Eine Oper ist eine Oper, ist eine Oper, ist eine Oper. Das wissen Freunde des klassischen Gesangsdramas, die zu Aufführungen wallfahren und/oder nicht selten ihr Abonnement vererben. Aber wie steht es um das, pardon, »Gehäuse«, das Opernhaus? In aller Regel betritt man dieses nur mit dem Billett in der Hand. In Dresden jedoch steht dem Besucher der Semperoper auch tagsüber eine Seitentür für eine geführte Besichtigung offen.

Die Fünf-Minuten-Uhr zeigt die Stunden in römischen und die Minuten in arabischen Ziffern

Der nach seinem Architekten Gottfried Semper (1803–1879) benannte Prunkbau ist eines der Wahrzeichen der Stadt und gehörte zu jenem Teil, der am 13. Februar 1945 und damit wenige Wochen vor dem Ende des Zweiten Weltkrieges dem angloamerikanischen Bombardement zum Opfer fiel. Auf den Tag genau 40 Jahre später, nach über siebenjähriger Rekonstruktion, erlebten Opernhaus und Ensemble mit Carl Maria von Webers *Freischütz* die feierliche Wiedereröffnung. Dass wiederum der Librettist dieser Oper, Johann Friedrich Kind, 1768 in Leipzig geboren und 1843 in Dresden gestorben, sein Werk,

32

Semperoper Erleben
Theaterplatz 2
01067 Dresden
0351 3207360
www.semperoper-erleben.de

das Textbuch *Der Freischütz*, bei Georg Joachim Göschen in Grimma verlegt hat, stellt eine Verknüpfung dar, die sich heute Netzwerk nennt.

Der Vorgängerbau, das Königliche Hoftheater, das nach Plänen des Baumeisters Gottfried Semper nach dreijähriger Bauzeit 1841 eröffnet wurde, fiel 1869 vollständig einem Brand zum Opfer. Bereits zwei Jahre später wurde mit dem Bau des Zweiten Königlichen Hoftheaters begonnen. Dieser, gleichfalls ein Rundbau, konnte jedoch von Gottfried Semper nicht selbst geleitet werden. Der Professor für Baukunst hatte sich zuvor gemeinsam mit seinem Freund, dem in Leipzig geborenen Komponisten Richard Wagner (1813–1883), als Republikaner 1849 an dem Dresdner Maiaufstand beteiligt. Als der Aufstand scheiterte, musste er über London und Paris fliehen und wirkte schließlich als Exilant in Zürich und Wien. So übernahm Sempers ältester Sohn, der Architekt Manfred Semper, die Bauleitung und führte den Wiederaufbau nach den Plänen des Vaters aus.

Ein Uhrenvergleich lohnt sich. Wie schon im Königlichen Hoftheater von 1841 wird unmittelbar über der Bühne die Uhrzeit angezeigt, digital, ein Novum für diese Zeit. Die heutige Uhr läuft nicht mehr mechanisch, sondern wird von Elektromotoren angetrieben.

33

Staatliche Kunstsammlungen Dresden Grünes Gewölbe im Residenzschloss
Taschenberg 2
01067 Dresden
0351 49142000
https://gruenes-gewoelbe.skd.museum

Kunst und Handwerk in edler Verbindung

Das Historische Grüne Gewölbe im Erdgeschoss des Residenzschlosses

Herrschern ist die Größe ihres Reiches selten genug. Sie suchen das Schmückende, das Einmalige, den Schatz, um so ihre Geltung zu vergrößern. Auf den Sammlungen der Herrscherhäuser gründen die meisten musealen der Welt. Seltener wird die Schatzkammer selbst zum Ausstellungsstück wie eben das Historische Grüne Gewölbe als Teil des restaurierten Residenzschlosses in Dresden. Es ist somit kein Wunder, dass der Zutritt grundsätzlich nur nach Anmeldung möglich ist. Zum einen ist die Mehrzahl der Räume nur kabinettgroß, zum anderen erlauben die hier kunstvoll eingefassten Edelsteine und -metalle keine allzu großen Schwankungen von Raumtemperatur und Luftfeuchte. So betritt man Sachsens doppeltürig geschützte Schatzkammer wie einen Banktresor.

Die Große Fregatte von Jacob Zeller aus dem Jahr 1620; Elfenbein und Gold, getragen von Neptun

Dass deren Sicherheitsvorkehrungen den spektakulären Einbruch im November 2019 nicht abzuwehren vermochten, ließ die Medien vom »Jahrhundertraub« sprechen. Die binnen weniger Minuten erbeuteten Diamanten und Brillanten gelten als »Staatsschatz«. Nachdem die Soko *Epaulette* die vermeintlichen Täter, Mitglieder eines polizeibekannten Berliner Familienclans, ermittelt und die Dresdner Staatsanwaltschaft Anklage erhoben hat, bleibt das Diebesgut weiterhin verschwunden. Es handelt sich dabei unter anderem um Juwelen der gebürtigen Prinzessin von Bayern und späteren Königin von Sachsen Amalie Auguste (1801–1877). Experten befürchten, dass die Steine aus den Schmuckstücken gelöst und mit neuem Schliff versehen worden sind.

Doch dessen ungeachtet ist die Schatzkammer August des Starken noch immer prächtig gefüllt. Das allbekannte »braune Gold«, das vor Millionen von Jahren aus Baumharz entstand, eröffnet den Rundgang. Dem Entree im wunderbaren Bernsteinzimmer folgen in sieben Räumen und einem Saal Museumsstücke in Elfenbein, Weißsilber, Gold und Bronze sowie Juwelierarbeiten höchster Güte. Fast vollständig verspiegelt ist der Pretiosensaal und vervielfacht so die ins Licht gestellten Exponate. Insgesamt überwiegt der Kabinettcharakter und verleiht dem Betrachten dieser hochgradigen Kunstfertigkeit eine gewisse Exklusivität.

Das Neue Grüne Gewölbe ist nicht minder exklusiv und bietet eine Vielzahl herausragender Ausstellungsstücke, wie den einmaligen 41-karätigen Grünen Diamanten, gehandelt auf der Leipziger Ostermesse.

DER GLÄSERNE MENSCH, LANGE VOR SOCIAL MEDIA

Das Deutsche Hygiene-Museum

»Ein Hygiene-Museum, was bitte ist das?«, könnte man fragen. Eines, das man mit gewaschenen Händen und geputzten Zähnen besuchen sollte? Und da läge man gar nicht so falsch. Ausgangspunkt für ein solches Museum war tatsächlich die Körperpflege. Mit dem starken Bevölkerungswachstum und der von der Industrialisierung ausgelösten Verdichtung in den Städten wurde die Aufklärung und die mit ihr verbundene Forschung zu einem wichtigen Schutzschild, um das Auftreten und die massenhafte Verbreitung von Infektionskrankheiten einzudämmen oder gar zu verhindern. Auslöser für die Eröffnung des Museums 1912, der ein Jahr zuvor die I. Internationale Hygiene-Ausstellung mit fünf Millionen Besuchern vorausging, waren die wissenschaftliche Arbeit von Medizinern und die gewachsenen Fähigkeiten von Medizintechnikern.

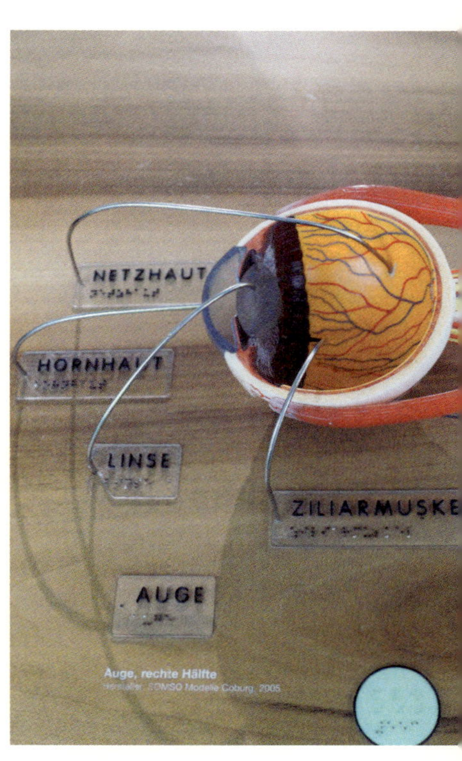

Die Bausteine des Auges – im Auge des Betrachters

In sieben Bereichen bietet das heutige »Museum vom Menschen« anschauliche Hinweise zu *Leben & Tod*, zu *Schönheit, Haut & Haar*, zur gesunden Ernährung, zur Se-

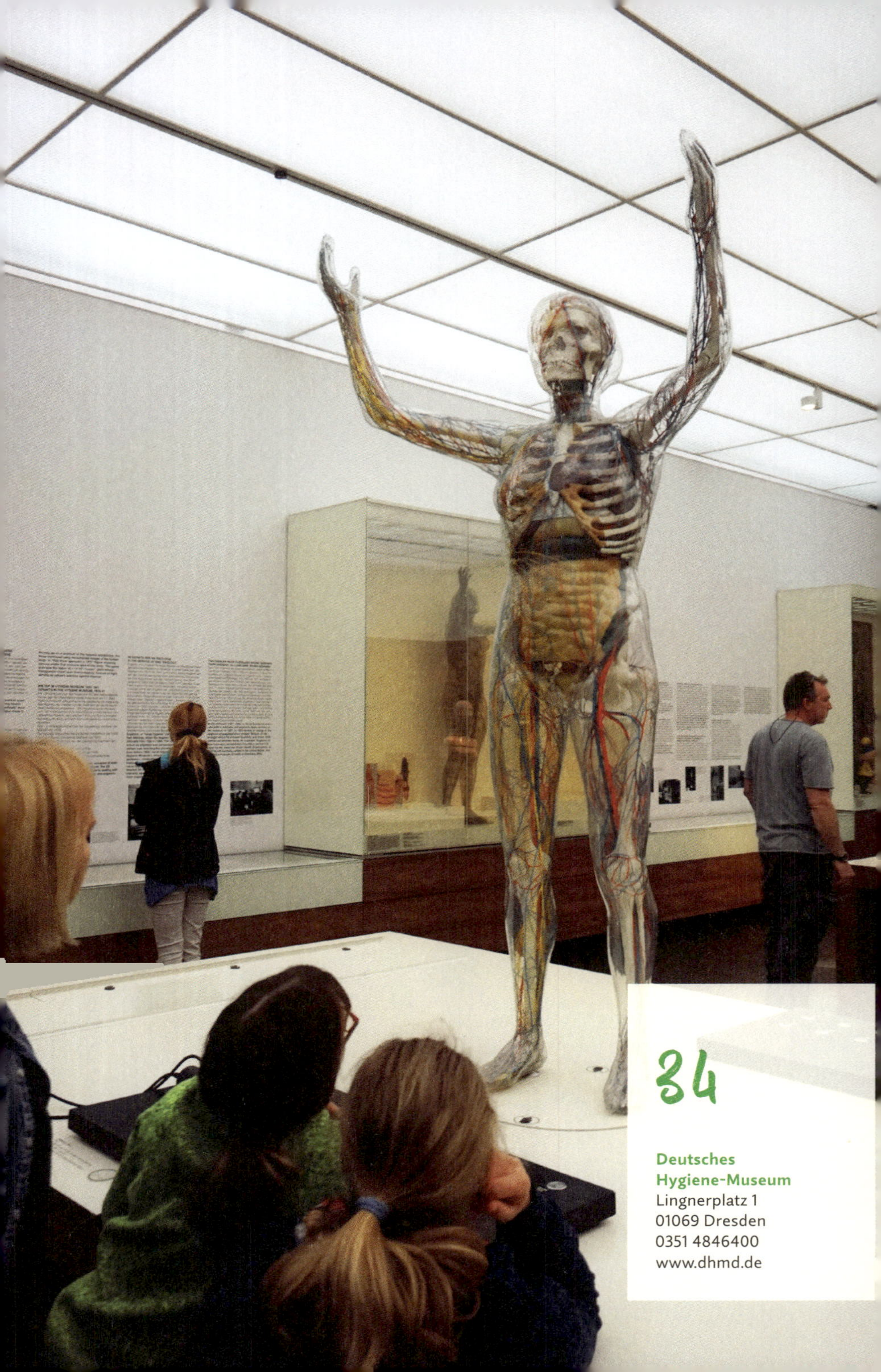

84

Deutsches Hygiene-Museum
Lingnerplatz 1
01069 Dresden
0351 4846400
www.dhmd.de

xualität (wo bitte schön kann man einen Abguss des Penis von Jimi Hendrix finden?) sowie zur Gesundheitsvorsorge. Modelle zeigen das »richtige und falsche Büchertragen«. Für Kinder steht ein eigener Ausstellungsbereich zur Verfügung.

Eröffnet wurde der jetzige Bau, der nach Plänen von Wilhelm Kreis errichtet wurde, zur II. Internationalen Hygiene-Ausstellung 1930. Zwischen 2001 und 2005 erfuhr das Museum eine umfassende Sanierung. Das Gebäude trägt Züge der Bauhausarchitektur und mutet gleichzeitig klassizistisch an, umgeben von einer Parkanlage. Dass das Museum während des Nationalsozialismus methodisch der Rassenideologie zuarbeitete, wird im eigenen Veranstaltungskalender immer wieder thematisiert.

Überaus passend für ein Menschen-Museum ist es, dort per Knopfdruck den Liebesgedichten von Männern und Frauen lauschen zu können.

35

Pfunds Molkerei
Bautzner Straße 79
01099 Dresden
0351 808080
www.pfunds.de

Café und Restaurant Pfund
Bautzner Straße 79
01099 Dresden
0351 8105948
www.restaurant-pfunds.de

HIER IST GENUSS KEINE MILCHMÄDCHENRECHNUNG

Pfunds Molkerei

Auf manche Besonderheit wird man als Städtebesucher entweder durch Lektüre oder auf einer Stadtrundfahrt aufmerksam. Bei Touren durch die Dresdner Neustadt gehört der Bus-Stopp vor Pfunds Molkerei zum festen Programm. Ich hatte Glück und befand mich als Spontangast gerade in einer Lücke zwischen zwei »Busladungen« und sah erst später, wie schwer es gerade Touristen aus Asien fällt, ihre Kamerafinger still zu halten. Denn in Pfunds Molkerei herrscht ein striktes Fotografieverbot. Und das mit gutem Grund. Das Ambiente des 1891 eingerichteten Ladens ist einzigartig und wird beherrscht von rund 250 Quadratmetern handbemalter Fliesen der Traditionsfirma Villeroy und Boch und von Wandspiegeln, die die Auslagen festlich erstrahlen lassen. Die Augen haben hier, bitte schön, mitzuessen, was heißen soll: schauen und kaufen. Das Angebot ist vielfältig und zeigt, welchen Genuss Milch zu erzeugen vermag. Das reicht von Milchseife bis Milchgrappa, von Schokolade bis zu Pralinés. Für einen Kuchen- und Käseesser wie mich ein reines Labsal.

Es fällt schwer, sich inmitten dieser gestalterischen Pracht auf die Auslagen zu konzentrieren

Gern liest man im separat geführten Restaurant im Obergeschoss von der Erfolgsgeschichte des Landwirts Paul Gustav Leander Pfund aus Reinholdshain. Der machte dem Ortsnamen alle Ehre und wollte die Milch seiner sechs Kühe nicht länger unrein und ungekühlt auf offenen Pferdefuhrwerken die 20 Kilometer nach Dresden transportieren, sondern vor Ort die Milchversorgung forcieren, und zog daher 1879 in die Residenzstadt. Anfangs ließ er seine Kundschaft zusehen, wie die Milch gemolken und geseiht wurde. Die Herstellung der Kondensmilch geht auf Pfunds Molkerei zurück. Umsichtig investierte er, erschloss sich alle technischen Möglichkeiten und baute innerhalb eines halben Jahrhunderts seinen Milchbetrieb zu einem sich selbsttragenden Unternehmen aus, das über Dresden hinaus expandierte. Und der Zuspruch ist ungebrochen.

In der Folge wurde das Areal 2020/21 um den benachbarten (duftenden) Seifenladen und den ebenfalls angrenzenden Spezialitätenladen, der zum Beispiel den Oberlausitzer Eierlikör oder die Biersorte *Goldener Reiter* führt, erweitert. Seit 1997 gilt er laut dem *Guinnessbuch der Rekorde* als »Schönster Milchladen der Welt«. Die Einzigartigkeit des Ambientes lässt sich gelegentlich auch bei Veranstaltungen erleben.

Statt des Versendens eines elektronischen Grußes bietet sich das einer Blechpostkarte mit dem Motiv »Pfunds Condensirte Milch Dresden« an.

DAS LEBEN IST KLEINTEILIG UND IM EINZELNEN ZU ENTDECKEN

Erich Kästner Haus für Literatur

Dem Ende des 19. Jahrhunderts in Dresden geborenen Schriftsteller Erich Kästner (1899–1974) ist in der Villa seines Onkels Franz Augustin ein besonderes Museum gewidmet. Das Literaturhaus beschäftigt sich über den Namensgeber hinaus auch mit der deutschen (teils auch tschechischen) Gegenwartsliteratur. Die Exposition selbst fordert den Besucher in Form kopierter Belege, ausgesuchter Zeugnisse und faksimilierter musealer Stücke haptisch. Erich Kästner wird hier nicht in eine Schublade gesteckt, sondern quasi gleich in zig Schubladen. Ein Baukastensystem in Form eines *micromuseums*, das verschiedenfarbige und verschiedengroße Schrank- und Schubfächer vereint, bietet – ähnlich dem Wundertütenprinzip – jede Menge Überraschendes aus dem Leben und Wirken des vor allem als Kinderbuchautor und Gebrauchslyriker bekannten deutschen Schriftstellers.

Der Museumsbesucher geht sozusagen auf Entdeckungstour, zieht sich beispielsweise ein Jugendfoto Erich Kästners oder einen Artikel aus der *Neuen Leipziger Zeitung* aus einem Schubfach, das dieser mit einem seiner Pseudonyme versehen hat, »Melchior Kurtz« wäre eines von mehreren. Denn während seines Studiums der Geschichte, Philosophie und Theaterwissenschaft an der Universität Leipzig verdiente sich Erich Kästner seinen Lebensunterhalt als Journalist und Theaterkritiker. Promoviert wurde er 1925 bei dem für die Literaturforschung bedeutenden Leipziger Germanisten Georg Witkowski

36

Erich Kästner Haus für Literatur
Antonstraße 1
01097 Dresden
0351 8045087
www.kaestnerhaus-literatur.de

Kulturpalast Dresden
Zentralbibliothek
Wilsdruffer Straße 18
01067 Dresden
0351 8648233
www.bibo-dresden.de

(1863–1939), ein bekennender Christ, dem aufgrund seiner jüdischen Abstammung 1933 im Zuge der nationalsozialistischen »Säuberung« die Lehrbefugnis entzogen und der ins Exil getrieben wurde. Bei der Bücherverbrennung auf dem Berliner Opernplatz am 10. Mai desselben Jahres wurden auch Werke Erich Kästners als »wider den deutschen Geist« bezeichnet und den Flammen übergeben. Kästner war Augenzeuge dieses Autodafés und blieb dennoch in Deutschland. Die Aufnahme in die Reichsschrifttumskammer wurde Kästner verwehrt. Das völlige Berufsverbot unterwanderte er, indem er fortan unter Pseudonymen vor allem Drehbücher verfasste.

Jeden Tag lesen, außer sonntags, das ermöglicht die Dresdner Zentralbibliothek im Kulturpalast; einst DDR-Musentempel und 2017 wiedereröffnet. Sozialistischer Realismus pur ist das Wandbild *Der Weg der Roten Fahne.*

87

Militärhistorisches Museum der Bundeswehr
Olbrichtplatz 2
01099 Dresden
0351 8232803
www.mhmbw.de

EIN KEIL ERWECKT DAS BEWUSSTSEIN

Das Militärhistorische Museum der Bundeswehr

In dem Gedicht *Luftaufklärung* meines Freundes und Dichterkollegen Michael Augustin heißt es: »früher mußte ich schon kotzen, / wenn einer nur das Wort Kamerad / in den Mund nahm«. Daran musste ich denken, als ich vor dem Militärhistorischen Museum in Dresden stand. Einer wie ich, der nicht »gedient« hatte, war voller Skepsis. Dass ich dann ein Haus betrat, das dem Besucher alles andere als die Glorifizierung von Kriegsmaschinerie und blindem Gehorsam bietet, hat mich absolut überrascht und viel länger verweilen lassen, als geplant. Bereits das Äußere des Museums hatte mich irritiert. Es ist Daniel Libeskinds Handschrift, die das ehemalige Arsenalgebäude prägt. Der international bekannte Architekt rückt uns heutigen Betrachtern die deutsche Geschichte anhand der Dresdner Gegenwart ins Bewusstsein. Wie ein überdimensionaler Granatsplitter steckt die Stahlkonstruktion, die sich im Innern als Ausstellungsbereich und Aussichtsplattform erweist, in der schönen wiedererstandenen wilhelminischen Fassade. Das ist schmerzhaft und wirksam zugleich. Die keilförmige Konstruktion

Mit Sprengstoff präparierte Tiere wurden in die feindlichen Linien getrieben

symbolisiert den Anflug der angloamerikanischen Bomber beim verheerenden Luftangriff im Februar 1945.

Das Innere des Museums ist in eine Reihe von thematischen Bereichen aufgeteilt, von denen ich *Krieg und Spiel*, vor allem aber *Militär und Sprache* hervorheben will. Darüber hinaus ziehen grandiose Raketenmodelle und Flugkörper die Blicke auf sich. Pietätvoll wird der Kriegstoten und -verwundeten gedacht. Zur Schau gestellt wird dafür diverse Militärtechnik, die nicht davor zurückschreckte, Tiere zu missbrauchen. Diese bildeten nicht nur die Kavallerie, sondern es wurden beispielsweise Elefanten, Kamele oder Hunde mit Sprengstoffgürteln ausgerüstet, um in die feindlichen Linien einzudringen.

Ebenfalls in der Dresdner Albertstadt, am Rande der Dresdner Heide, ist der Soldatenfriedhof der sowjetischen Garnison zu finden, der zu den sowjetischen Kriegsgräberstätten in Deutschland zählt.

EIN ZAUBER, DER REAL IST

Schloss Moritzburg

Bekannt durch den Kultfilm *Drei Haselnüsse für Aschenbrödel* ist das heutige Schloss Moritzburg, Sachsens Märchenschloss Nummer eins. Die deutsch-tschechisch-slowakische Koproduktion aus dem Jahre 1973 gehört während der Weihnachtsfeiertage ganz selbstverständlich zum Fernsehprogramm. Das barocke Jagdschloss, das etwa 250 Jahre zuvor durch An- und Umbauten nach Plänen des berühmten Baumeisters Matthäus Daniel Pöppelmann (1662–1736) das einstige Jagddomizil ablöste, erwies sich als opulenter Drehort. 1723 hatte König August II. (1670–1733) den Auftrag zur Umgestaltung der vormals im Stil der Renaissance gestalteten Schlossanlage gegeben. Der König von Sachsen und Polen genoss unweit von Dresden den Charme des Lustschlosses für Jagdgesellschaften und Maskenbälle. Zeugnis von der Pracht der Tafel geben die Abgüsse der Modelleure Johann Joachim Kaendler (1706–1775) und Johann Gottlieb Kirchner (1706–1768) in *Meissener Porzellan* mit Jagdmotiven.

Den Schmuck des Festsaals bilden die zahlreichen Jagdtrophäen an den Wänden

Namensgeber von Schloss und Ort ist der Herzog Moritz von Sachsen (1521–1553), der, offenbar geschwächt

38

Schloss Moritzburg
Schloßallee
01468 Moritzburg
035207 87318
www.schloss-moritzburg.de
www.schloesserland-sachsen.de

von zahlreichen politischen Intrigen und aufreibenden Kriegseinsätzen, schon mit 32 Jahren verstorben ist und dem die Ehre als Kurfürst nur kurze Zeit zuteilwurde. Ein Porträt von Lucas Cranach dem Jüngeren (1515–1586) zeigt den 26-Jährigen als reifen Mann. 1541 hatte er das Anwesen, seinerzeit »Dianenburg« genannt, auf einer Landenge bei den Forstteichen errichten lassen.

Seine heutige Pracht, die Vergrößerung des Teiches und die Erweiterung des Gebäudes geht auf Kurfürst Friedrich August III. (1750–1827) zurück, den Urenkel August des Starken. Er ließ Schloss Moritzburg mit seinen vier Türmen, dem Haupthaus mit seinen Ball-, Speise- und Spiegelsälen und der Kapelle um 1800 vollenden. Seither spiegelt Schloss Moritzburg den Glanz des sächsischen Hofes wider.

Sehenswert ist ebenfalls das von Friedrich August II. bevorzugte Fasanenschloss des Spätrokoko aus dem Jahre 1769. Es ist allerdings nur bei besonderen Veranstaltungen, zum Beispiel für Trauungen, zugänglich.

39

Käthe Kollwitz Haus Moritzburg
Meißner Straße 7
01468 Moritzburg
035207 82818
www.kollwitz-moritzburg.de

Kunst vermag, das Gesehene zu bewahren

Käthe Kollwitz Haus

Um sich im Umfeld von Schloss Moritzburg an Käthe Kollwitz (1867–1945) zu erinnern, bedarf es eines Hinweises, und zwar den auf Moritzburg als den Sterbeort dieser großartigen deutschen Grafikerin und Plastikerin. Ausgebombt in Berlin, hatte sie 1943 Zuflucht gefunden in Nordhausen. Aber es muss eine Ahnung gewesen sein, dass die Stadt im Thüringischen, in deren Stollen Kriegsgefangene und Häftlinge des Konzentrationslagers Mittelbau gezwungen wurden, die sogenannte V-Waffe herzustellen, alsbald Zielscheibe der Alliierten werden würde. So fügte es sich für die 77-jährige Kollwitz, dass der Moritzburger Schlossherr Prinz Ernst Heinrich von Sachsen Sammler der Grafiken von Käthe Kollwitz war und es ermöglichte, dass ihr im Sommer 1944 im Rüdenhof, unweit des Schlosses, zwei Zimmer zur Verfügung gestellt wurden.

Gustav Seitz' Bronzeplastik und Kollwitz' Selbstporträt: die Künstlerin mit sich selbst im Dialog

Die heutige Gedenkstätte ist umso wertvoller, da die am 24. April 1945 in Moritzburg beigesetzte Künstlerin später ihre letzte Ruhestätte im Familiengrab auf dem Berliner

Friedhof Friedrichsfelde fand. Und doch ist dieser Ort der Besinnung jüngeren Datums und wurde erst 1995, anlässlich des 50. Todestages von Käthe Kollwitz, auf Betreiben eines emsigen Freundeskreises eröffnet. Es sind vor allem Leihgaben des *Käthe Kollwitz Museums Köln*, die die auf sieben Räume verteilte Ausstellung im Obergeschoss bestimmen. Mit dabei der Zyklus, den Käthe Kollwitz 1893–1897 zu Gerhart Hauptmanns *Ein Weberaufstand* geschaffen hat. Unmittelbar nachdem die junge Künstlerin Hauptmanns Stück an der Freien Bühne in Berlin gesehen hatte, vertiefte sie sich in das Thema und sollte damit ihren Durchbruch erlangen. Das in Bronze gegossene Kollwitz-Porträt aus dem Jahr 1958, eine Leihgabe vom Schloss Moritzburg, entstand als Vorarbeit von Gustav Seitz für die große Porträt-Plastik der Kollwitz, die 1961 auf dem Berliner Kollwitz-Platz aufgestellt wurde. Mich begeisterte schon als Kind die Abbildung im Schulbuch *Vor dem Fabrikantenhaus*. Sie ist mir mehr im Gedächtnis geblieben, als mancher Lehrsatz.

Seit einiger Zeit steht im Nebengebäude der Gedenkstätte für private Nutzer ein Grafikraum mit zwölf Arbeitsplätzen zur Verfügung. Warum nicht einmal ein Abendmahl in Form eines künstlerischen Austauschs?

HIER SCHLÄGT NIEMAND FLIEGEN ODER GAR DIE ZEIT TOT

Die Festung Königstein

Als wir Kinder *Auf der Festung Königstein* sangen, war uns die tiefere Bedeutung des Liedes nicht bewusst. All die Berufe, vom Bäcker über den Schneider und Tischler bis hin zum Doktor, die aufgezählt werden, gab es, »juppheidi, juppheida«, im 19. Jahrhundert hier tatsächlich. Denn die Soldaten, die hier kaserniert waren, waren das, was man heute multitaskingfähig nennt und mussten neben ihrem Dienst noch ihren Beruf ausüben, um die militärische Enklave nicht nur lebensfähig, sondern auch lebenswert zu erhalten. Gleich einer Garnisonsstadt bestand auf diesem Bergplateau sowohl ein militärisches als auch ein ziviles Leben. Innerhalb der Festungsmauern gab es eine eigene Gerichtsbarkeit, ein Standesamt, die Kirche, die Schule und den Friedhof. Die Soldatenfamilien hatten ihren Garten. Die höheren Dienstgrade nannten zusätzlich einen Ziergarten ihr Eigen.

Eine Nachbildung aus Tausenden Flaschen erinnert in der Magdalenenburg an Sachsens größtes Weinfass

Die als böhmische Burg erstmals 1241 urkundlich erwähnte, spätere Festung verfügte seit dem 16. Jahrhundert über eine einzigartige Wasserversorgung. Der in einer Tiefe

40

Festung Königstein
01824 Königstein
035021 64607
www.festung-koenigstein.de

von 152 Meter ins Felsgestein gebohrte Brunnen ist noch heute zu besichtigen. Die Georgenburg auf dem Festungsgelände, auch als »Sächsische Bastille« bezeichnet, diente dem kursächsischen Hof zudem als Kerker für Gefangene. Der wegen Veruntreuung festgesetzte Leipziger Bürgermeister Franz Conrad Romanus starb 1746 auf dem Königstein. Im 19. Jahrhundert waren vor allem politische Gefangene Insassen des Staatsgefängnisses wie Michail Bakunin, August Bebel, Thomas Theodor Heine und Frank Wedekind.

Während der Kriegszeiten beherbergte die Festung nicht nur materielle Schätze wie Edelsteine aus dem Grünen Gewölbe oder die *Sixtinische Madonna* von Raffaello Santi, genannt Raffael (1483–1520). Auch der Alchimist Johann Friedrich Böttger musste auf der Burg verblieben, da August der Starke befürchtete, sein Gold- sprich Porzellanmacher könne vom Schwedenkönig entführt werden.

Neben der Dauerausstellung im Torhaus ist ein Besuch der Friedrichsburg mit ihrem »Tischlein, deck dich!« empfohlen. Was sich dahinter verbirgt, wird hier nicht verraten.

41

Spaziergang durch das Dorf

Startpunkt:

Bio- und Nationalpark Refugium Schmilka

Albergo
Schmilka Nummer 11
01814 Bad Schandau
OT Schmilka
035022 9130
www.schmilka.de

HIGH NOON AM MÜHLRAD

Schmilka inmitten des Nationalparks Sächsisch-Böhmische Schweiz

Urlaub auf dem Brauerhof, so könnte die Einladung in eines der schönsten Dörfer Sachsens heißen. Schmilka ist gut mit der S-Bahn S 1 von Dresden aus zu erreichen (Haltepunkt Schmilka-Hirschmühle) und bietet dem Gast eine Auszeit von der Hektik des Alltags, denn hier, hatte ich das Gefühl, gehen die Uhren und Mühlräder anders. Ein wenig wie im Spielzeugland reihen sich die Fachwerkhäuser bergan auf und lassen nach einer Wanderung in der Sächsischen Schweiz, einem Fahrradausflug im Gelände sowie einer Paddeltour auf der Elbe den Biergarten im Mühlenhof wie eine willkommene Oase erscheinen. Und das nicht nur bei kühlen Getränken, auch ein Gang in die Sauna ist möglich. Man sitzt geschützt und behaglich und fühlt sich ein wenig wie auf einem anderen Stern. Und das Gebräu, das man sich munden lassen kann, kommt aus der ortseigenen Biermanufaktur und trägt das Bio-Siegel. Das gilt ebenso für die Speisen im Restaurant *StandGut* oder Café *Richter*. In ersterem präsentiert der Wirt seine historische Spielautomaten-Sammlung, bei der

Das Elbdorf zählt in der Saison mehr Gäste als Einwohner und heißt sie willkommen

man seine Geschicklichkeit unter Beweis stellen kann und auch die Kinder eine Zeitlang beschäftigt weiß.

Ein Erlebnis stellen die Mühlenführungen dar, die während der Saison (April–Oktober) täglich Punkt zwölf Uhr beginnen und an denen man kostenlos teilnehmen und das restaurierte Mühlenmahlwerk aus dem 18. Jahrhundert in seiner Funktion erleben kann. Selbstredend, dass auch das Brot, das auf den Tisch und in den Verkauf kommt, in Schmilka gebacken wird. Überhaupt lädt der Ort am Ilmenbach, in dem dereinst Elbschiffer, Flößer, Handwerker und Waldarbeiter zu Hause waren, mit seinen Übernachtungsmöglichkeiten auch zu einem mehrtägigen Aufenthalt ein.

Über den Elbleitenweg bietet sich die circa 75-minütige Wanderung zu den Schrammsteinen an. Auf den berühmten Malerweg, der an Ludwig Richter erinnert, kann man sich von hier aus gleichfalls begeben.

Der Stern von Bethlehem als Erfolgsgeschichte

Besuch der Herrnhuter Sterne-Manufaktur

Die Entstehung des weltweit bekannten Herrnhuter Sterns, als Sinnbild des Sterns von Bethlehem, geht auf den Beginn des 19. Jahrhunderts zurück. In der Unitäts-Knabenanstalt des im weiteren Umfeld befindlichen Ortes Niesky war anlässlich des Dreikönigsfestes 1821 erstmals ein beleuchteter Stern mit 110 Zacken zu sehen. Ende des 19. Jahrhunderts wurde aus dem zerleg- und wiederzusammensetzbaren Modell des leuchtenden Weihnachtssterns eine Geschäftsidee und die noch immer florierende Manufaktur gegründet.

Sie tragen meist 25 Zacken und die Farben der Unschuld, des Blutes und der Sterne

Die Gegenreformation in Verbindung mit dem Dreißigjährigen Krieg führte zur Vertreibung vieler Protestanten, die im Zuge der Rekatholisierung verfolgt wurden. Aus dem benachbarten Böhmen, Mähren, Schlesien flohen viele ins lutherische Sachsen. Dem Pietisten und Kirchenliederdichter Nikolaus Ludwig Graf von Zinzendorf und Pottendorf (1700–1760) ist es zu danken, dass sich in der Oberlausitz Menschen zusammenfanden, um unter der »Obhut des Herrn« im ersten Viertel des 18. Jahrhunderts die Siedlung

42

Herrnhuter Sterne
Oderwitzer Straße 8
02747 Herrnhut
035873 3640
www.herrnhuter-sterne.de

Herrnhut zu gründen. Das Gemeinhaus mit dem Kirchsaal entstand sowie das Brüderhaus, das Schwesternhaus und das Witwenhaus.

Vielfach posthum fanden von Zinzendorfs Verse Einzug in die Liedertafel, so auch »Herr, Dein Wort, die edle Gabe« in der Vertonung Ludwig van Beethovens: »Herr, Dein Wort, die edle Gabe, / diesen Schatz erhalte mir! / Denn ich zieh es aller Habe / und dem größten Reichtum für. / Wenn Dein Wort nicht mehr soll gelten, / worauf soll der Glaube ruhn? / Mir ist nicht um tausend Welten, / aber um Dein Wort zu tun.« Zur Brüder-Colonie gehörte bald schon das Schulwerk der Brüder-Unität und bildete das Zuhause vieler Jungen und Mädchen, deren Eltern in anderen Ländern der Welt als Missionare das Christentum verkündeten.

In der Schauwerkstatt ist ein Film über die Entwicklung des Traditionsunternehmens zu sehen, desgleichen wird die Herstellung der Papier- und Kunststoffsterne demonstriert.

43

Herrnhuter Friedhof
Berthelsdorfer Allee 2
02747 Herrnhut

Informationen:
Evangelische Brüdergemeine
Comeniusstraße 3
02747 Herrnhut
035873 33604
www.herrnhut.ebu.de

SCHLICHT IM LEBEN WIE IM STERBEN

Der Friedhof der Brüdergemeine

Im Juni 1722 war es der aus dem mährischen Senftleben (heute Ženklava) stammende Zimmermann und spätere Brüderprediger Christian David (1692–1751), der das erste Anwesen auf der Flur des Reichsgrafen Nikolaus Ludwig von Zinzendorf errichtete. Der vom Pietismus bestimmte Reichsgraf von Zinzendorf stellte ihm und weiteren mährischen Flüchtlingen sein Land zur Gründung einer neuen Brüder-Unität zur Verfügung. Kein geringerer als der Leipziger Poesie-Lehrer Joachim Feller (1638–1691) hatte 1689 das Wort »Pietist« geprägt: »Was ist ein Pietist? Der Gottes Wort studirt / Und nach demselben auch ein heilges Leben führt.« In diesem Sinne wurde Herrnhut binnen weniger Jahre zum Hort und Ort für Zuflucht Suchende, die ihre Heimat verlassen mussten, meist wegen ihrer protestantischen Glaubensrichtung.

Der sorbisch-katholische Friedhof in Ralbitz kann als Pendant zum Herrnhuter Gottesacker gelten

Das Jahr 1727 gilt als Gründungsjahr der Herrnhuter Brüdergemeine, die ihre Mitglieder fortan in die Welt entsandte, um als Missionare die christliche Botschaft zu verbreiten. Gegenwärtig zählt sie mehr als eine Million Mitglieder, die ihren Glauben in Afrika, Nord-

und Mittelamerika, Asien und Europa leben und sich im Ausland *Moravian Church* oder *Iglesia Morava* nennt.

Um 1730 wurde am Fuße des Hutberges der Friedhof der Brüder-Unität als Herrnhuter Gottesacker angelegt. Der Kernsatz der Missionare, die die Gleichheit aller Menschen postulierten, spiegelt sich in der Grabanlage wider. 1740 beschloss die Gemeine: »Auf unsere Gräber sollen Steine geleget werden mit dem Namen, dem Tag des Heimgangs und einem Versel, da die Hauptidee von dem Bruder drinnen stehet.« Im Unterschied zur barocken Friedhofskultur jener Zeit sind die Gräber seither schlicht im genormten Maß als liegende Grabsteine gefasst. Die Lindenallee verbindet noch heute Stadt und Friedhof.

Im 70 Kilometer entfernten Ralbitz gibt es den sorbisch-katholischen Friedhof zu entdecken, den »Friedhof der weißen Kreuze«. Allen Verstorbenen wird dasselbe Ansehen, das heißt dieselbe Grabgestaltung zuteil.

Dinosaurier – nicht vom Aussterben bedroht

Saurierpark in Kleinwelka

Eine Konstruktion aus Rohren und eine Haut aus Folienkissen bildet das neue Eingangsgebäude mit dem Namen *Mitoseum*, ein Kunstwort aus Museum und Mitose (Zellteilung), das im wahrsten Sinne des Wortes die Bedeutung des Entstehens allen Daseins verdeutlicht. Gleichzeitig zeigt dieser überdimensionale »Lebens-Baustein« die Lebendigkeit dieser Anlage, deren Marketing Mitte der 1990er ganz wesentlich von Hollywoods Literaturverfilmung *Jurassic Park* geprägt wurde. Seither ist die 1978 von Franz Gruß (1931–2006) geschaffene Anlage stetig gewachsen und hat sich zu einer Attraktion weit über die Region hinaus entwickelt. Saurierpark-Gründer Gruß folgte 1991 der Bildhauer Thomas Stern, dessen Modelle höchsten paläontologischen Ansprüchen genügen. Wissensvermittlung ist Teil des Konzepts.

Es sind die Dimensionen der Urzeit-Giganten, die das Erlebnis ausmachen

Die in die hier gewachsene Natur integrierten Szenerien bilden die Lebenswelt der Saurier nach. Beschilderungen, ähnlich einem Lehrpfad, weisen auf Fundorte von Fossilien hin. Die im Park ausgestellten Groß- und Kleinechsen, etwa

44

Saurierpark
Saurierpark 1
02625 Bautzen
OT Kleinwelka
035935 3036
www.saurierpark.de

Irrgarten am Saurierpark
Saurierpark 2
02625 Bautzen
OT Kleinwelka
035935 20575
www.irrgarten-
kleinwelka.de

200 an der Zahl, führen in die Trias-, Jura- und Kreidezeit. Natürlich fehlt der Tyrannosaurus nicht, der hier zum Glück stillsteht. Dennoch mutet den meisten der Dinosaurier-Modelle nichts Statisches an. Die Nachbildung einer Ausgrabungsstätte veranschaulicht den Zugang zur Vergangenheit durch die archäologische Arbeit.

Der waldähnliche Park ist thematisch nach den Erdzeitaltern aufgebaut. Zu Trias, Jura und Kreide finden sich die jeweils herausragenden Vertreter. Besonders beeindruckend sind die großen Dinosaurier aus der Jurazeit, dem *Reich der Giganten*. Die Plastiken zeigen verschiedene Szenerien, so kann man die Sauriere in Kampfsituationen mit Rivalen, beim Jagen nach Beute oder mit Jungtieren betrachten.

In Nachbarschaft des Saurierparks befindet sich ein über 5.000 Quadratmeter großer Hecken-Irrgarten, dessen Labyrinth fast 4.000 Lebensbäume zählt. Wer schafft den kürzesten Weg von 356 Meter Länge?

45

Krabat-Mühle Schwarzkollm
Koselbruch 22
02977 Hoyerswerda OT Schwarzkollm
035722 951133

Ortsteilverwaltung Schwarzkollm
Dorfstraße 75
02977 Hoyerswerda OT Schwarzkollm
035722 91257
www.schwarzkollm.de

VOM REICHTUM DER PHANTASIE

Krabat-Mühle in Schwarzkollm

Zur Krabat-Sage sind mir zwei Romane bekannt; der eine wurde von Otfried Preußler (1923–2013) geschrieben und in 31 Sprachen übersetzt, der andere stammt von Jurij Brězan (1916–2006), der im Sorbischen zu Hause war. Im Grunde verfolgen beide in ihren Werken einen philosophischen Ansatz. Der in Böhmen als Syrowatka geborene Preußler, dessen Bücher sich vielfach auf Sagen beziehen, veröffentlichte seinen *Krabat* 1971, Brězan seine Roman-Adaption 1976 und ließ ihr 1993 eine zweite folgen. Der Stoff lag de facto für beide Autoren in ihrer Biografie begründet. Als kriegsverpflichtete Wehrmachtssoldaten wurden sie zu Menschen, die eine bessere Welt schaffen wollten. Bei Brězan setzte das Bestreben früher ein. Er arbeitete im sorbischen Widerstand, emigrierte nach Prag und musste nach seiner Rückkehr 1938 für ein Jahr ins Gefängnis, wurde 1942 Soldat und kam 1944 in amerikanische Kriegsgefangenschaft.

Das Wasserrad gilt in der Volksdichtung als Symbol für das Unerschöpfliche – auch der Sagenwelt

Der aus einem Lehrerhaushalt stammende Otfried Syrowatka, der später selbst Lehrer wurde, war einiges jünger, als er unmittelbar nach dem Abitur 1942 zum Kriegsdienst eingezogen wurde und geriet 1944 als Offizier in fünfjährige sowjetische Gefangenschaft. Die böhmische Herkunft, mit ihrer Sagen- und Naturwelt, hat das Werk des Schriftstellers Otfried Preußler bestimmt und ließ ihn in Oberbayern eine neue Heimat finden. Und auch die Literatur Brězans ist geprägt von der Verbundenheit zu seiner Landschaft, dem Sorbischen. Bereits in seinem Kinderbuch *Die schwarze Mühle* aus dem Jahr 1968 beschreibt er das Leben Krabats im Widerstreit mit dem »Schwarzen Müller«.

Die sorbische Volkssage setzt mit der Ära August des Starken, den der zum Mann gereifte, gewiefte Müllerknappe vor einem Giftanschlag bewahrt, eine Zeitmarke. Krabat kämpft als Soldat gegen die Türken und vermag es, den Sachsenkönig aus der Gefangenschaft zu befreien. Für seine schwarze Kunst belohnt ihn der Sage nach Friedrich August I. mit einem Anwesen in Groß Särchen. Die Mühle in Schwarzkollm ist der ursprüngliche Ort des Geschehens. Hier entwendet Krabat dem Teufelsmüller, der ein Diener des Bösen ist, das Zauberbuch und vollbringt fortan Wunder des Guten. Kraft verleiht Krabat die Liebe zu einem Mädchen aus dem Nachbardorf.

Sehenswert ist die vom Wasserrad angetriebene Schwarze Mühle und der sie umgebende Hof, die die Kulisse für die Sage abgeben und Schauplatz für die jährlichen Krabat-Festspiele sind.

AN DESSEN GEBURTSORT LESSING ERLEBEN

Das Lessing-Museum

Sinngemäß heißt es bei Lessing: Wir Schriftsteller wollen weniger gelobet und dafür mehr gelesen werden. Als der Dichter der Aufklärung das in Bezug auf den berühmten Zeitgenossen Friedrich Gottlieb Klopstock formulierte, lagen die Kamenzer Kinderjahre weit hinter ihm.

Schulen über Schulen sind nach Lessing benannt, doch macht seine Toleranz Schule?

Am 22. Januar 1729 ist Gotthold Ephraim Lessing als drittes Kind des Archidiakons Johann Gottfried Lessing und dessen Ehefrau Justina Salemone, geborene Feller, in Kamenz zur Welt gekommen und wurde zwei Tage später in der St. Marienkirche von seinem Großvater Gottfried Feller getauft, der als Pastor Primarius als der höchste Geistliche der Stadt galt. Nicht minder von Bedeutung für die Entwicklung des späteren Gelehrten und Dichters Lessing ist sein Großvater väterlicherseits, Theophilus Lessing, zu dessen Ämtern auch das des Bürgermeisters von Kamenz gehörte. Offenbar hat die von Theophilus während des Studiums in Leipzig verfasste Disputation *De Religionum Tolerantia* das Hauptwerk seines Enkels beeinflusst und eine Grundlage für seine Dramentheorie geschaffen. Lessing schrieb *Nathan der*

46

Lessing-Museum Kamenz
Lessingplatz 1–3
01917 Kamenz
03578 379111
www.lessingmuseum.de

Blaudruckerei Pulsnitz
Bachstraße 7
01896 Pulsnitz
035955 73873
www.blaudruckpulsnitz.de

Weise als Fünfzigjähriger und führte vor Augen, dass sich verschiedene Religionen nicht feindlich gegenüber stehen müssen.

Von seltener Größe zeigte sich das Kamenzer Bürgertum anlässlich des 150. Todestages Gotthold Ephraim Lessings. Anstelle des Geburtshauses, das ein Brand vernichtet hatte, ließen sie zu Ehren des großen Sohnes der Stadt ein Museum errichten, das später um einen Veranstaltungsbau erweitert wurde. Die Dauerausstellung führt auf 250 Quadratmeter durch Lessings Leben, von Kamenz an die Fürstenschule in Meißen, es folgen Stationen in Leipzig und Wittenberg, Berlin und Breslau, Hamburg und schließlich Wolfenbüttel und Braunschweig. Haften bleibt das »Allzu-Menschliche«, so wird über Lessing bekannt, dass der so fromm erzogene ein Glücksspieler war.

In der Blaudruckerei im nahen Pulsnitz lassen sich einzigartige Druckstöcke (Model) bewundern, die aus Birnbaumholz herausgeschnitten wurden. Werkstatt-Führungen sind möglich.

47

Stiftung Haus Schminke
Kirschallee 1b
02708 Löbau
03585 862133
www.stiftung-hausschminke.eu

Friedrich-August-Turm
Löbauer Berg
02708 Löbau
www.loebau.de

EIN HAUS WIE KEIN ANDERES

Das Haus Schminke

Ist vom »Neuen Bauen« oder gar von Bauhaus-Architektur die Rede, folgt nicht selten eine Aufzählung von Quartieren in mitteldeutschen Zentren. Eher Kenner wissen um Zwenkaus Haus Rabe in der Nähe von Leipzig oder um das Haus Schminke im kleinstädtischen Löbau. Fertiggestellt wurde das nach Plänen des deutschen Architekten Hans Scharoun errichtete Wohnhaus der Familie Fritz und Charlotte Schminke im Mai 1933 in überaus kurzer Bauzeit. Es zählt zum Weltquartett des neuen Wohnbaustils, das die Namen von Ludwig Mies van der Rohe, Frank Lloyd Wright und Le Corbusier mit dem von Hans Scharoun vereint. Es verwundert nicht, dass der in Bremerhaven aufgewachsene Scharoun maritime Elemente in seine Baukunst einbezieht wie Außentreppen, Deckplattformen ähnliche Terrassen sowie Fenster, die Bullaugen gleichen.

Der Verzicht der Nachkommenschaft auf Rückübertragung hat die öffentliche Nutzung ermöglicht

Der Volksmund fand für das Bauwerk mit »Nudeldampfer« schnell einen Namen. Der nimmt Bezug auf die Tätigkeit des Bauherrn Schminke, der die als Familienbetrieb übernommene sogenannte »Nudelei« der Firma *Loeser & Richter* führte, eine Teigwarenfabrik, die beispielgebend für ihre Beschäftigten sorgte. Dass Hans Scharoun auch bei der Erneuerung der Fassade des Firmengebäudes einbezogen wurde, zeigt die Verbundenheit der Familie mit dem Architekten. Erhielt doch dieser mit seiner am Bauhaus orientieren, funktionalen Architektur während der Zeit des Nationalsozialismus keinerlei öffentliche Aufträge. Nach dem Ende des sogenannten »Dritten Reiches« gewann Hans Scharoun viele Wettbewerbe. Der Neubau der Berliner Philharmonie gehört zu seinen bekanntesten Bauwerken.

Im Inneren des Schminke-Hauses ist die schlichte Funktionalität bei der Raumaufteilung ersichtlich. Diese kommt vor allem im Küchenbereich zur Geltung, der von der Wiener Architektin Margarete Schütte-Lihotzky entwickelt wurde und die Jahrzehnte der Fremdnutzung überdauert hat.

Eine weitere Besonderheit Löbaus stellt der gusseiserne Friedrich-August-Turm dar, der bei guter Sicht einen Ausblick auf die Landschaft bis hin zum Zittauer Gebirge bietet.

EIN ENSEMBLE AN EINZIGARTIGEN BAUWERKEN

Spaziergang durch die deutsch-sorbische Stadt an der Spree

Ein Ort meiner Kindheit ist Bautzen. In der Nähe der Spree-Stadt habe ich Berge wie den Bieleboh und den Czorneboh bestiegen und in der Blauen Adria von Crosta schwimmen gelernt. Die 1002 erstmals urkundlich erwähnte heutige Große Kreisstadt bietet in ihrer Geschlossenheit das wohl eindrucksvollste Panorama auf das Burgenland Sachsen. Bautzens Ritterburgkulisse fasziniert mich, hier in der Region habe ich oft meine Ferien verbringen dürfen, wieder und wieder. Der obersorbische Name der an einer Furt gegründeten Stadt lautet Budyšin und leitet sich nach Ansicht von Sprachwissenschaftlern von »Bud« für Grenzort ab und markiert die Lage an der ehemaligen Handelsstraße Via Regia. Einer Sage nach soll an dem Ort an der Spree eine Herzogin überraschend niedergekommen sein und ihr Mann hätte gefragt: »Bude syn?« – »Wird es ein Sohn?«

Im Jahr 1868 wurde die Stadt in der Lausitz offiziell von »Budissin« in Bautzen umbenannt und die sorbische Bevölkerung in den folgenden Jahrzehnten zur Minderheit. Und doch ist Bautzen das Zentrum der Sorben, die sich in zwei Schriftsprachen mitteilen, dem Ober- und dem Niedersorbisch, wobei letzteres in seiner Existenz akut bedroht ist, da die Zahl der Schriftkundigen schwindet. Als ältestes Zeugnis für die obersorbische Schriftsprache gilt der *Burger Eydt Wendisch* aus dem frühen 16. Jahrhundert. Hundert Jahre zuvor, während der Belagerung durch die Hussiten, rettete der Legende nach der

48

Spaziergang durch die Stadt Bautzen
Startpunkt:
Tourist-Information Bautzen-Budyšin
Hauptmarkt 1
0625 Bautzen
03591 42016
www.bautzen.de

Erzengel Michael die Bürgerschaft. Ihm zu Ehren wurde um 1473 die Michaeliskirche errichtet. Diese bestimmt neben der auf das Jahr 928 zurückgehenden Ortenburg und der knapp 50 Meter hohen Alten Wasserkunst von 1558 noch heute das Stadtbild, das von der vormaligen Stadtbefestigung geprägt ist. Ein Relief am Matthiasturm verweist auf die einstige Herrschaft der böhmischen Krone über die Stadt.

Bautzen beherbergt eine der schönsten Stadtbibliotheken in Sachsen. Ob belesen oder nicht, sollte man die Stadt keinesfalls ohne Senf verlassen. Am Fleischmarkt laden Manufaktur und Museum zur Auswahl ein.

49

Tourismuszentrum Muskauer Park
Stiftung »Fürst-Pückler-Park Bad Muskau«
Neues Schloss
02953 Bad Muskau
035771 63100
www.muskauer-park.de

DIE KUNST, DER NATUR ZU DIENEN

Muskauer Park

Hermann Fürst von Pückler-Muskau (1785–1871) gilt zweifelsohne als eine der schillerndsten Persönlichkeiten des 19. Jahrhunderts. Sein Wirken sowie sein Nachwirken lässt sich dabei nicht auf das einstige Königreich Sachsen reduzieren. Der junge Graf und spätere Fürst war ein Weltbürger und lebte bereits als Heranwachsender über seine Verhältnisse. Das sollte sich bis ins hohe Alter fortsetzen. Umtriebig wie er war, hielt es ihn als 15-jähriger Jura-Student nicht lange an der Leipziger Universität. Pückler schlug eine militärische Laufbahn ein, erlangte den Dienstgrad eines Oberstleutnants und nahm an der Völkerschlacht teil. Den Hang zur Uniform sollte er auch nach seinem Militärdienst beibehalten.

Sehenswert ist die Ausstellung, ebenso ist das Besteigen des Schlossturms zu empfehlen

Berühmt ist der Weltreisende als Gestalter dreier Landschaftsgärten, die in Muskau, Branitz und Babelsberg liegen. In Sachsen, beiderseits der Neiße und somit auch auf dem seit 1945 polnischen Gebiet, liegt der Muskauer Park, der seit 2004 als Kultur- und Naturdenkmal zum Welterbe der UNESCO zählt. Bereits mit 25 Jahren, nach dem Tod des Vaters, trat Graf Pückler das Muskauer Erbe an.

An seiner Seite wusste Pückler den Gärtner Jacob Heinrich Rehder (1790–1852), der sich als Mann der Praxis erwies und die mitunter hochfliegenden Pläne des neuen Schlossherrn zu erden verstand. Zudem war der junge Graf nicht mit der Tugend der Sesshaftigkeit gesegnet und brachte aus der Welt, vor allem aus den Landschaftsgärten Englands, Eindrücke mit, die er in Muskau umzusetzen begann.

Pückler, ein leidenschaftlicher Briefe- und Tagebuchschreiber, machte sich auch als Reiseschriftsteller einen Namen, den selbst Goethe mit Wohlklang verband. Noch heute sind Pücklers Niederschriften zur Landschaftsgärtnerei bekannt und haben Lehrbuchniveau. Seine in Szene gesetzte Gartenkunst ist, dank permanenter Pflege, sogleich Atemrausch und Augenweide.

Der Park ist bei freiem Eintritt – passend zur Großzügigkeit Pücklers – ganzjährig zugänglich. Im Schloss lohnt der Besuch der Dauerausstellung und im Café lockt die nach Pückler benannte Torte.

EIN HAUS DER KÜNSTE UND WISSENSCHAFT

Das Kulturhistorische Museum

Die gut 900 Jahre alte Via Regia, die vom Rhein bis zur Neiße und darüber hinaus zur Odra führte und sich noch heute in vielen Stadtplänen als Hohe oder Königsstraße namentlich erhalten hat, war ein Handelsweg, der ganz wesentlich zum Wohlstand der sie tangierenden Städte beigetragen hat. Und das umso mehr, da mit ihr Privilegien verbunden waren, wie sie beispielsweise die Order des Kaisers Karl IV. (1316–1378) festlegte. Er verfügte darin, dass Kaufleute, die im Einzugsgebiet von Görlitz von Osten gen Westen reisten, ihren Weg durch die Stadt zu nehmen hatten. Umwegrendite nennen das Marketingverfechter heute. Doch gilt das neuerdings für eine Stadt, die ob ihrer mehrere Epochen vereinende Bausubstanz als begehrte Filmkulisse gilt. So war Görlitz für Produktionen wie *In 80 Tagen um die Welt* (2004), *Der Vorleser* (2009), *The Grand Budapest Hotel* (2014) und *Fabian oder Der Gang vor die Hunde* (2021) das Set.

Hort für Bücherfreunde: der historische Bestand der Oberlausitzischen Bibliothek der Wissenschaften

Will man aus dieser sehenswerten Stadt eine Besonderheit auswählen, sei das Kulturhistorische Museum im Barockhaus aus dem Jahr 1729 empfohlen, das als eines der

50

Kulturhistorisches Museum
Neißstraße 29/30
02826 Görlitz
03581 671355
www.goerlitz.de

besterhaltenen Bürgerhäuser der Neißestadt gilt. Errichten ließ es der Ratsherr und Kaufmann Johann Christian Ameiß (1688–1742). Auf den nahe Görlitz geborenen Adligen Adolf Traugott von Gersdorf, der sich als Naturwissenschaftler und Ökonom einen Namen machte, gehen die Gesteinssammlung sowie die ebenfalls zugänglichen Exponate des Graphischen und des Physikalischen Kabinetts zurück. Den Geist des Hauses bestimmt die Oberlausitzische Bibliothek der Wissenschaften, die auf der Sammlung des Bibliotheksstifters Johann Gottlieb Milich (1678–1726) begründet wurde. Dieser verband seine Schenkung mit der Auflage, dass »der offentliche, undt freye gebrauch, dieser Bücher, einem jederen Liebhaber, zugelassen werden müsse.«

Auf der polnischen Stadtseite, in Zgorzelec, befindet sich das Jakob-Böhme-Haus. Dem Philosophen, Mystiker und Schuhmacher Böhme (1575–1624) ist im Barockhaus ein Ausstellungsbereich gewidmet.

Über mehr als sieben Brücken

Ein Ausflug

Brücken gibt es in aller Welt. In einer Vielzahl von Dimensionen und Ausführungen: aus Astwerk, Bambus, Holz, Stein, Stahl, Gliederketten, Stahldraht, Stahlbeton. Brücken in Gestalt von bloßen Uferstegen oder als schier unendlich scheinende Konstruktionen, die Festland und Insel oder zwei Berghöhen miteinander verbinden oder sich über Täler erstrecken. Brücken tragen Schienenwege und Autostraßen, führen über Flüsse und Ströme. Im Notfall sind Leitern als Behelfsbrücken zur Hand.

Im Großen betrachtet, schlagen Brücken Bögen zwischen Ländern und Menschen. In Kriegszeiten werden sie gesprengt und führen oft ein Rumpfleben. Anders die Dömitzer Eisenbahnbrücke, die bis 1945 Hamburg und Berlin verband und in den letzten Tagen des Zweiten Weltkrieges Ziel der US-amerikanischen Luftwaffe wurde. Jüngeren Datums ist die kriegerische Zerstörung der über 400 Jahre alten Stari Most in Mostar in Bosnien-Herzegowina im Jahr 1993. Mitten in Europa, im ausgehenden 20. Jahrhundert. Ein historisches Bauwerk, das die Neretva überspannte. Ein anderes Beispiel markiert die Zeit des Kalten Kriegs und der deutschen Teilung: die Glienicker Brücke zwischen dem einstigen West-Berlin und Potsdam diente dem politischen Austausch von Agenten. Der Frieden jedoch verleiht den Brücken ihre wahre Bestimmung, und sie werden zu Orten der Begegnung, vereinen Menschen miteinander, lassen sie aufeinander zugehen.

Die Brücke ist Teil der menschlichen Kultur. Von klein auf kennen wir die Ur-Brücke, den Regenbogen. Als Kinder haben sich zwei von uns an den Händen gefasst und mit den Armen eine Brücke gebildet, sodass die anderen nacheinander unter dem Brückenbogen hindurchgehen konnten. Alle haben wir das Lied von der *Merseburger Brücke* gesungen. Andernorts wird es das Lied von der *Goldenden Brücke* oder von der *Meissner Brücke* genannt. Es weicht in einzelnen Strophen, wie bei Volksliedern üblich, von der zuerst genannten Fassung ab. Das Prinzip ist dasselbe: »Ziehet durch, ziehet durch, ziehet alle alle durch! Den Letzten woll'n wir fangen, mit Spießen und mit Stangen.« Im Sportunterricht haben wir die Brücke mit unserem Körper nachgebildet. Die Übung zeigte unseren Gliedmaßen, dass das kein Kinderspiel ist. Als Erwachsene im Angestelltenverhältnis freuen wir uns über den Brückentag. Und dass die bei Wind verursachten »Gesänge« der Golden Gate Bridge von einem Musiker in seine Komposition einbezogen wurden, zeugt von der Lebendigkeit dieser Bauwerkskultur.

Die erste Brücke, an die ich mich erinnere, ist eine der Holzbrücken im Leipziger Johannapark, die sich unweit der Innenstadtwohnung befand, in der ich laufen lernte. Als meine Eltern mit mir Achtjährigen aus dem Stadtzentrum in den Arbeiterbezirk Leipzig-Plagwitz zogen, gehörte fortan die Kanalbrücke

Eine der Holzbrücken im Leipziger Johannapark

in der Aurelienstraße zu meinem beliebten Spielplatz. Die Brücke selbst ist nicht weiter spektakulär, sie hat wohl nicht einmal einen Namen. Anders die Brücke davor, die die Karl-Heine-Straße über den Karl-Heine-Kanal führt. Sie trägt einen klangvollen Namen. Wer auf sie zufährt, wird den Schriftzug *König-Albert-Brücke* erkennen. Dieser in Dresden geborene Sachsen-König lebte von 1828 bis 1902 und trug so ziemlich alle gängigen Vornamen seiner Zeit. Verbunden mit dem Karl-Heine-Kanal ist die Weiße Elster, die in Böhmen entspringt. Über diesen Fluss führt eine ganz besondere Brücke, die ich als »Rollerkind« Richtung Verkehrskindergarten und später in der Schulzeit während der Ferienspiele überquert habe. Dort, wo sich die Leipziger Stadtteile Plagwitz und Schleußig treffen, ersetzt seit mehr als 120 Jahren eine aus Stahlfachwerk vernietete Bogenbrücke die einstige Holzkonstruktion. Wenige Jahre nach ihrer Errichtung wurde sie nach dem jung verstorbenen Königlich Sächsischen Kammerherrn Léonçe Robert Freiherr von Könneritz (1835–1890) benannt, einst Kreishauptmann von Leipzig und später sächsischer Finanzminister. Für mich und viele andere ist die Könneritzbrücke eine der schönsten Brücken der Messestadt. Sie steht heute

König-Albert-Brücke

als ein Symbol für die Industrialisierung und die spätere Eingemeindung der einstigen Dörfer westlich von Leipzig. Sie war für die Urbanisierung des Leipziger Westens unabdingbar. Gern verweise ich auf die Aura dieses technischen Denkmals. Ein Verweilen auf ihr führt auf schöne Weise die (heute für Sport und Freizeit genutzte) Schiffbarkeit der Leipziger Flusslandschaft vor Augen. Der Ausbau des Kanalsystems diente damals dem Transport von Baumaterial und später dem von Waren.

Wenn heute der Blick auf die vielen Ruder- und Paddelboote fällt oder die Motorboote beispielsweise der Traditionsfirma Herold die Weiße Elster aufschäumen lassen, ist das ein Freizeitvergnügen. Von April bis Oktober lädt das 1945 erbaute und 1990 restaurierte Motorschiff *Weltfrieden* zu Bootstouren ein. Dass Leipzig mehr Brücken aufweisen kann als Venedig, lehrte mich ein Schiffsführer auf Leipzigs Wasserstraßen. Doch man kann der Brücke auch in der Kunst ansichtig werden. Brücken sind malerisch und ergeben immer wieder ein beliebtes Motiv in der Bildenden Kunst. Denken wir an Claude Monets *Waterloo Bridge*, an Van Goghs *Seinebrücke bei Asnières* oder an Paul Klees *Rote Brücke*. Die 1905 in Dresden gegründete Künstlergruppe nennt sich *Die Brücke*. Von Ernst Ludwig Kirchner, Fritz Bleyl, Erich Heckel und Karl Schmidt-Rottluff ins Leben gerufen, besteht sie bis zum Mai 1913. Ihre Anziehungskraft ist groß und weitere Mitglieder unter ihnen – Maler wie Max Pechstein, Otto Mueller und Emil Nolde – schließen sich der *Brücke* an. In dem 1906 veröffentlichtem Programm richtet sich die Gruppe, als »neue Generation der Schaffenden«, bewusst gegen die »wohlangesessenen, älteren Kräfte« aus.

Die Könneritzbrücke, ein häufiger Gegenstand der Gegenwartskunst, stellt eher eine Verbindung zwischen den Generationen her, die viele Leipziger Künstlerinnen und Künstler zu Bildern inspiriert hat. In meinem Filmessay *Eine Brücke wie keine andere* zeige ich, diese Brücke wurde wie kaum eine andere in der Leipziger Stadtlandschaft immer wieder auf ganz unterschiedliche Weise abgebildet. Auf das Jahr 1941 geht eine der ältesten erhaltenen Darstellungen zurück. Die jüngste im Film ist von 2020. Sie, als Leserin und Leser dieses Buches, sind herzlich eingeladen, meinen YouTube-Kanal zu besuchen – einfach den Filmtitel eingeben – und sie werden Parallelen zu diesem Essay finden, da mich das Thema seit langem bewegt. Dankenswerterweise ermöglichte die Staatskanzlei des Freistaates Sachsen für ihr Format *So geht sächsisch* diesen im Team produzierten Kurzfilm. Fertiggestellt wurde er im Herbst 2020.

Könneritzbrücke

Darüber hinaus ist die Brücke auch in der Literatur ein häufiges Motiv. Zu nennen ist ein Sachwalter des Themas, der 1939 geborene Publizist Joachim von Königslöw. In seiner 2004 veröffentlichten, großartigen Abhandlung *Brücken. Mysterien des Übergangs* nennt er eine Reihe von

Beispielen und verweist auf Autoren, die sich dem Brückenthema gewidmet haben, so auch auf den Dichter und Nobelpreisträger Ivo Andrić (1892–1975). Dieser führt in seinem Roman *Die Brücke über die Drina* in die Zeit der osmanischen Herrschaft zurück und schildert, wie sich dank der Brücke Menschen aus verschiedenen Kulturen begegnen.

Gern denke ich an das Seminar zu Ernest Hemingway (1899–1961) zurück, das ich während meines Studiums am Leipziger Literaturinstitut im Fach Weltliteratur besuchte. Fiction und Nonfiction vermischen sich gerade bei diesem Schriftsteller, der als Berichterstatter während des Bürgerkriegs in Spanien war. Berühmt ist eine seiner Kurzgeschichten mit dem Titel *Old Man at the Bridge*, die auf einer seiner Depeschen fußt und von Hemingway später als Kurzgeschichte gestaltet wurde. Geschildert wird die Evakuierung der Zivilisten aus San Carlos. Im Mittelpunkt der Handlung steht ein alter Mann, der die Behelfsbrücke für die Flucht nicht betreten will, da er sich um sein zurückgelassenes Vieh sorgt.

Einige Jahre vor dem Entstehen dieser Erzählung machte der im selben Jahr wie Hemingway geborene US-amerikanische Dichter Harold Hart Crane (1899–1932) mit dem Brückenthema Furore. Sein achtteiliges Langgedicht *The Bridge* veröffentlichte er 1930 und bezog sich dabei zum einen auf die Brooklyn Bridge und zum anderen auf die Geschichte der nordamerikanischen Staaten. Die Brooklyn Bridge, entworfen von dem im thüringischen Mühlhausen geborenen Ingenieur und Brückenbauer Johann August Röbling (1806–1869), war die seinerzeit längste Brücke der Welt. Wenige Wochen vor seinem 33. Geburtstag sprang

Hart Crane von Bord des Passierschiffes S.S. Orizaba und ertrank. Erst seit 2004 ist Cranes Gedicht-Zyklus in deutscher Übersetzung erschienen. Auch das Übersetzen hat Brückenfunktion.

Ins Niederländische (*Door Diepe Dalen*) und Englische (*Seven Bridges*) übertragen wurde *Über sieben Brücken musst du gehn*. Dieses Lied, längst ein Hit, wurde von vielen Größen des deutschen und internationalen Pop ins Repertoire aufgenommen. Verfasst hat den Text Helmut Richter (1933–2019), der als Halbwaise mit seiner Mutter im Alter von zwölf Jahren aus Schlesien vertrieben wurde und mir ein langjähriger Freund und Kollege war. Ursprünglich entstand das Lied für den gleichnamigen Fernsehfilm und geht auf eine Liebesgeschichte Richters zurück. Komponiert hat die Urfassung von *Über sieben Brücken musst du gehn* der Keyboarder Ulrich »Ed« Swillms (*1947) von der Gruppe *Karat*, die mit diesem Titel 1978 in Dresden den Grand Prix beim Internationalen Schlagerfestival gewann. Nach 1980 hat hauptsächlich die Interpretation von Peter Maffay (*1949, ursprünglich Makkay) im Westen den Song bekannt gemacht. Einen Akzent zur Überwindung der deutschen Teilung setzte 1990 das Duett von Maffay und *Karat*-Sänger Herbert Dreilich (1942–2004) auf dem Album *… im nächsten Frieden*. Als 2017 beim Großen Zapfenstreich der Bundespräsident Joachim Gauck (*1940) verabschiedet wurde, hatte sich dieser die Orchesterversion von *Über sieben Brücken musst du gehn* für das militärische Zeremoniell der Bundeswehr gewünscht. In der limitierten, vom Druckkunstmuseum Leipzig in der Reihe *Zwiedruck* herausgegebenen Ausgabe aus dem Jahre 2011 hat Helmut Richter dem Text des Liedes diese Form gegeben:

Manchmal geh ich meine Straße ohne Blick,
Manchmal wünsch ich mir mein Schaukelpferd zurück.
Manchmal bin ich ohne Rast und Ruh,
Manchmal schließ ich alle Türen nach mir zu.
Manchmal ist mir kalt und manchmal heiß,
Manchmal weiß ich nicht mehr was ich weiß.
Manchmal bin ich schon am Morgen müd,
Und dann such ich Trost in einem Lied.

Manchmal scheint die Uhr des Lebens stillzustehn,
Manchmal scheint man immer nur im Kreis zu gehn.
Manchmal ist man wie von Fernweh krank,
Manchmal sitzt man still auf einer Bank.
Manchmal greift man nach der ganzen Welt,
Manchmal meint man, dass der Glücksstern fällt.
Manchmal nimmt man, wo man lieber gibt,
Manchmal hasst man das, was man doch liebt.

Über sieben Brücken musst du gehn,
Sieben dunkle Jahre überstehn,
Siebenmal wirst du die Asche sein,
Aber einmal auch der helle Schein.

Sachsen – ein Brückenland

Mit seiner Größe von rund 18.450 Quadratkilometern beherbergt der Freistaat Sachsen etwa fünf Prozent der Gesamtbevölkerung der Bundesrepublik Deutschland. Aktuell zählt Sachsen 1.026 Eisenbahn- und circa 660 Autobahnbrücken. Straßen- und Wegebrücken in Städten, auf dem Land und in

Ortschaften werden zahlenmäßig im Landesamt für Statistik des sächsischen Freistaates nicht erfasst.

Brücken – das Verbindende ist real. Das zeigt bereits der Tourstart dieses Kulturführers in Torgau. Auch wenn die berühmt gewordene Elbbrücke im Sommer 1994 abgerissen und durch einen Neubau ersetzt werden musste. Nach dem Zweiten Weltkrieg repariert, galt sie fast ein halbes Jahrhundert als Wahrzeichen für den Frieden. Doch den neuen Anforderungen des Schwerlastverkehrs hielt die Brücke nicht mehr stand. Nach dreijähriger Bauzeit wurde 1993 die neue, über 500 Meter lange Stahlverbundbrücke fertiggestellt und führt die Bundesstraße 183 über die Elbe.

Gut 30 Kilometer flussabwärts von Torgau, bei Strehla, stießen am 25. April 1945 eine Patrouille des US-amerikanischen 273rd Infantry Regiments und eine Vorausabteilung des sowjetischen 175. Garde-Schützen-Regiments aufeinander. Die Wehrmacht hatte wenige Stunden zuvor fast alle Elbbrücken in und um Torgau gesprengt. Leichen und Tierkadaver trieben auf der Elbe. Es war nicht der Augenblick für den berühmt gewordenen Handschlag, der bis heute als Zeichen für das Ende des Zweiten Weltkrieges gilt. Dieser wurde erst einen Tag später von beiden Seiten medienwirksam in Szene gesetzt. Zuerst übernahm das am 26. April 1945 der Kriegsfotograf Alexander Wassiljewitsch Ustinow (1909–1995). Ihm folgte mit Allan Jackson (1915–1995) der Fotograf der US-amerikanischen Nachrichtenagentur *American News Service*. Unter seiner Regie kamen Soldaten beider Nationen auf dem Rumpf der Brücke zusammen und überbrückten per Handschlag den durch die Sprengung verursachten Bruch. Gerade auch in den Jahrzehnten des Kalten Krieges kam diesem Foto eine hohe Symbolkraft zu. »Ein Bild, das die Welt nie vergessen wird«, so betitelte die britische Zeitung *News Chronicle* vorausschauend am 28. April 1945 diese Fotografie.

Im September 1945 wurde in der Sowjetischen Besatzungszone zur Erinnerung an dieses nunmehr historische Ereignis ein Monument errichtet. Entworfen hat es der ukrainische Architekt und Künstler Abraham Milezkij (1918–2004), der 1992 nach Israel ausgewandert und dort verstorben ist.

Denkmal der Begegnung in Torgau

Anlässlich des 75. Jahrestages erfuhr das Denkmal, das die Begegnung der Soldaten der 69. US-Infanterie-Division und der 1. Ukrainischen Front verkörpert, 2020 eine Restaurierung. Alljährlich am 25. April, dem *Elbe Day*, steht dieses Denkmal im Zentrum. Eine dreitägige Veranstaltung, bei der der Befreiung vom Faschismus und jener gedacht wird, die sich, seinerzeit als junge Männer, gegen Feindbilder und für Völkerverständigung eingesetzt haben.

Auf der Route von Torgau nach Görlitz lassen viele markante Brückenbauten sowohl die Weite als auch die Enge Sachsens erkennen. Eine, wie die in Oschatz, wurde gar aus Textilbeton gefertigt, sodass sie nicht korrodieren kann. Dass Brücken Schaden nehmen und in den meisten Fällen gar nicht für die heutigen Lasten projektiert worden sind, ist hingegen eher üblich. So hatte ein Automobilclub 2007 eine Brücke über den Fluss Chemnitz zur schlechtesten Brücke Deutschlands erklärt. Statt sie zu sanieren, wurde die Brücke an der Chemnitzer Eckstraße abgerissen, was für die Einwohner und die Gäste der Stadt seither einen »Umbogen« bedeutet. Das andere sind Brücken, die Städteplaner haben verschwinden lassen. Im Kleinen sei die lange nur als Rudiment erhalten gebliebene Kleinbahn-Brücke am Leipziger Auensee genannt, die noch aus der Zeit stammte, als dieses Areal Luna-Park hieß. In den 1969ern fuhr das bereits erwähnte Motorschiff *Weltfrieden* unter ihr hinweg. Bedeutender hingegen ist im Großen der Verlust des wegen seines Anstrichs sogenannten *Blauen Wunders* in Leipzig. Eine Fußgängerbrücke, die bis 2004 über den Leipziger Ring führte und als eines der Wahrzeichen für die Montagsdemonstrationen anzusehen ist. Erbaut 1973, gewährte sie im Herbst 1989 den eindrucksvollen Draufblick auf die Stärke des Demonstrationszuges, sodass sich viele entschlossen haben, die Rolle des bloßen Zuschauers zu verlassen. An diesem neuralgischen Punkt, der mitentscheidend für die Größe der Montagsdemonstration am 9. Oktober 1989 war, schlossen sich Hunderte dem gewaltfreien Marsch um den Ring an.

Vor der geplanten Demontage durch die Deutsche Bahn haben hingegen unermüdliche Chemnitzer aus Politik und Gesellschaft ihr Viadukt Beckerbrücke bewahrt, das nunmehr unter Denkmalschutz steht. Das Industriedenkmal wurde als Sachsen-Franken-Magistrale 1909 fertiggestellt und führt über zwei Straßen und einen Fluss. Die mehrfeldrige Eisenbahnbrücke wird, so heißt es, von ebenso vielen Nieten wie der Eiffelturm zusammengehalten. Dass der Brückenbauingenieur Alexandre Gustave Eiffel (1832–1923) sein Können

Viadukt Beckerbrücke

bei der Konstruktion von Eisenbahnbrücken auf mehreren Kontinenten unter Beweis stellte und nicht nur der berühmte Turm, sondern auch eine Eisenbahnbrücke über die Garonne seinen Namen trägt, ist an dieser Stelle eine passende Ergänzung.

Zwölf, die für viele stehen

Zum Abschluss des Brückenexkurses seien zwölf weitere sächsische Brücken und zum Teil auch ihr Umfeld vorgestellt. Brücken, die mehrheitlich mit den zuvor ausgewählten Orten in Verbindung stehen und jeweils den dortigen Aufenthalt noch etwas zu erweitern vermögen.

Das an der vereinigten Mulde gelegene kleinstädtische Grimma hat 2002 und 2013 weit über den Freistaat Sachsen

Pöppelmannbrücke

hinaus als Hochwasserkatastrophengebiet traurige Bekanntheit erlangt. Wenige Jahre nacheinander war Grimma vom *Jahrhunderthochwasser* geprägt. Zu Grunde lagen Wasserstände in der Innenstadt von stellenweise mehr als 3,50 Metern. Als Großprojekt wurde zur Vorsorge eine Hochwasserschutzanlage errichtet und 2019 in Betrieb genommen. Für Rekonstruktion und gleichzeitig Modernisierung der sehenswerten Altstadt steht seit 2012 die von der Mulde unterführte Pöppelmannbrücke, die heutigen Maßstäben für den Hochwasserschutz gerecht wird. 2013 musste sie bereits ihre Wirksamkeit beweisen. Für die Eilpostlinie Dresden-Leipzig (Grimma liegt etwa in der Mitte der Strecke) ließ August der Starke seinen Oberlandbaumeister Matthäus Daniel Pöppelmann, dessen Baukunst wir im Zusammenhang mit dem Jagdschloss Moritzburg bewundert haben, diese Brücke entwerfen. 1716 wurde die auf steinernen Stütz-

Hängebrücke an der Gattersburg

pfeilern stehende Brücke fertiggestellt, die in der Mitte von einer Holzkonstruktion umhaust war. Zur Krönung wurde sie mit einem prunkvollen barocken Wappen versehen. 2019 wurde der 300-jährigen Geschichte der Brücke mit einem Brückenfest gedacht. Eine Brücke, deren heutige Schönheit alle vorangegangenen Zeiten übertrifft.

Als zweite sehenswerte Muldenbrücke in Grimma ist die als Tragseilkonstruktion verwirklichte Fußgängerbrücke am Hotel und Restaurant Gattersburg zu nennen. Sie gilt als längste Hängebrücke Sachsens und wurde 1925 errichtet. Mit 80 Meter Spannweite verbindet sie den städtischen Teil mit dem Stadtwald, dem sich ein Ausflugsareal mit Schiffsmühle und Gastronomie und – nach dem Aufstieg – der Besuch des Bismarckturms im Jutta-Park anbietet. Nach dem Übersetzen mit der Fähre von Höfgen aus lässt sich der ausgiebige Spaziergang zur Klosterruine

Hängebrücke zur Burg Kriebstein

Nimbschen fortsetzen und man käme sofort auf Luther zu sprechen und dessen Frau Katharina von Bora, die bis 1523 Nonne in diesem Kloster war.

50 Kilometer von Grimma entfernt führt über den Fluss Zschopau, der im Erzgebirge entspringt, gleichfalls eine Hängebrücke und belohnt Fußgänger mit einem Aufstieg zur Burg Kriebstein. Nachdem 1930 ein Teilbereich von ihr für die Öffentlichkeit zugänglich wurde, gilt die vor mehr als sechs Jahrhunderten auf einem Felsmassiv errichtete Bastion als eine der schönsten Ritterburgen Sachsens. Ihr heutiges Erscheinungsbild geht auf das 17. Jahrhundert zurück und zählt ebenso wie die im ersten Teil beschriebenen herrschaftlichen Anwesen Hartenfels und Moritzburg zu Sachsens »Märchenschlössern«. Mit der Burg Kriebstein ist folgende Sage verbunden: Im Jahre 1415 nahm Ritter Dietrich von Staupitz die Burg ein und den Burgherrn Dietrich

von Beerwalde mitsamt seinem Gefolge fest. Die Burgfrauen suchten einen Weg in die Freiheit und bedrängten den Ritter von Staupitz, die Burg »allein mit dem Kostbarsten, das sie besäßen« verlassen zu dürfen. Der Ritter dachte an Schmuck und edles Geschmeide und stimmte zu. Als das Tor geöffnet wurde, trugen die Frauen ihre Männer huckepack hinaus. Doch ist das nur eine Variante.

Eine andere Version stellt sich anhand einer Bildgeschichte im sächsischen Döbeln, in welchem das Geschlecht derer von Staupitz zu Hause war, wie folgt dar: Auf Geheiß des Markgrafen zu Meißen, Friedrich den Streitbaren, wurde der Ritter Dietrich für seinen Überfall auf die Burg Kriebstein im Kerker festgesetzt. »Seine Frau mag hingehen, wohin sie will, und das mitnehmen, was sie auf dem Rücken tragen kann«, soll der Markgraf verfügt haben. Und wie auf dem Gemälde *Die treue Frau von Kriebstein* von Nicolas Guibal (1725–1784) zu sehen ist, trägt die kräftige Frau den entehrten Gatten auf dem Rücken.

Von Kriebstein aus lohnt sich der etwa 30 Kilometer lange Fahrweg nach Rochsburg. Über dem Ort thront ein Renaissanceschloss mit Burgcharakter, dessen jetzige Gestalt auf das 16. Jahrhundert und sein Ursprung auf das 12. Jahrhundert zurückgehen. Insbesondere fallen im Muldental

Rochsburg

die rötlichen Leibungen der Türen und Fenster an Herrenhäusern, Schlössern und Kirchen auf. Es ist der Rochlitzer Porphyr, der in dieser Region Sachsens gebrochen und vornehmlich als Baustoff verarbeitet wird. Sagenhaftes liefert der Stein auch dazu. Zu seiner roten Farbe soll er vor hunderten von Jahren durch Hexerei gekommen sein. So lockte eine auf dem dicht bewaldeten Rochlitzer Berg lebende Hexe mit einem von ihr gepflanzten Zauberstrauch Kinder in den Wald, verzauberte sie zu Singvögeln und sperrte sie in Käfige. Es geschah, dass eine Mutter auf der Suche nach ihrem Kind vom Zauberstrauch einen Ast abbrach. Damit war die Macht der Hexe gebrochen. Erschlagen mit einer wuchtigen Bibel, versickerte das Blut der Hexe im Gestein und gab ihm die rote Farbe. Der bis zu seinem Tode in Kanada lebende Bildhauer Friedhelm Lach (1936–2019), der sich auch als Herausgeber der Kurt Schwitters-Gesamtausgabe verdient machte, schuf eine Reihe von Skulpturen aus eben diesem Rochlitzer Porphyr. Für den Betrachter stellt sich im Muldenland eine Verbindung zur erwähnten Grimmaer Pöppelmannbrücke dar, die mit eben diesem Gestein, bekannt auch als »sächsischer Marmor«, verkleidet ist.

Am Tage schlicht wirkt die jetzige Rochsburger Hängebrücke, die die Zwickauer Mulde überspannt. Sie besteht erst seit 2011. Ihr Vorläufer, ein passender Ausdruck für eine Fußgängerbrücke (die auch Radfahrer benutzen), wurde unmittelbar nach dem gewaltigen Hochwasser im Jahr 1954 errichtet. Im Mittelalter führte ein Bocksteg über den Fluss, der Ende des 19. Jahrhunderts als »Schaukelbrücke« die Verbindung hielt. Die heutige Hängebrücke ist die wohl modernste im Freistaat Sachsen; sie leuchtet nachts. Ihre Handläufe zieren moderne Beleuchtungselemente, sodass die Luzenauer ihrer blaugestrichenen Brücke im Ortsteil Rochsburg den Kosenamen »Kleines blaues Wunder« gaben.

Von Rochsburg aus liegt das Kohrener Land und das im Zusammenhang mit dem Töpferhandwerk vorgestellte Kohren-Sahlis nahe. Sehenswert ist in dem zur Stadt Frohburg gehörenden Ortsteil Rüdigsdorf der Pavillon. Moritz von Schwind hat diesen mit Fresken zu *Amor und Psyche* versehen. Ein Ort, der von jeher den schönen Künsten vorbehalten und von Mai bis Oktober auch zu besichtigen ist. Für den erholsamen Familienausflug bieten sich das *Lindenvorwerk* mit seiner Gastronomie am Lindenteich sowie nebenan von April bis Oktober der Besuch des Labyrinths *Irrgarten der Sinne* an. Dass die Brücke über den Mausbach führt und es in der Gegend weitere Gewässer gibt, die *Katze* oder *Ratte* heißen, sei am Rande erwähnt.

Brücke in Rüdigsdorf

Das Vogtland glänzt mit zwei imposanten Brückenbauwerken, die beide mit den einzigartigen Fähigkeiten eines Mannes verbunden sind, der gleich eine Vielzahl an Tugenden in sich vereinte: Fleiß und Kreativität, Beharrlichkeit und Neugier, Arbeitslust und Geradlinigkeit, Bescheidenheit und freies Denken. Die Rede ist von Johann Andreas

Schubert (1808–1870). Die Stationen seiner Biographie führen auch an Orte, die in diesem Buch vorgestellt werden: Geboren im vogtländischen Wernesgrün, aufgewachsen bei Pflegeeltern in Leipzig, Besuch der Thomasschule ebendort, Fortsetzung der Ausbildung an der Garnisonsschule der Festung Königstein, schließlich Schulabschluss am Freimaurer-Institut in Dresden-Friedrichstadt. Es folgt das Studium des Bauwesens an der Bauschule der Akademie der bildenden Künste Dresden. Bereits als 20-Jähriger wird er Lehrer für Buchhaltung und Mathematik an der Königlich-Technischen Bildungsanstalt Dresden. Sechs Jahre später wird er zum Professor berufen. Und das an die Bildungsstätte, aus der 1890 zunächst die Königlich Sächsische Technische Hochschule und 1961 die acht Fakultäten zählende Technische Universität Dresden hervorgehen sollte. Schwerpunkte seiner Lehre waren die Konstruktion von Dampfschiffen und der Eisenbahnbau. Nach Leipzig kam er zur Eröffnung der ersten Fern-Eisenbahnstrecke Leipzig–Dresden am 8. April 1839 mit der von ihm konstruierten Dampflokomotive *Saxonia*. Der Betrieb der Linie blieb allerdings englischen Fabrikaten vorbehalten. Im Vogtland bezeugen zwei herausragende Bogenbrücken, die nach Entwürfen Schuberts von der Sächsisch-Bayerischen-Eisenbahn-Compagnie errichtet wurden, sowohl das ästhetische als auch das bautechnische Niveau Mitte des 19. Jahrhunderts. So führt die imposante Elstertalbrücke die Eisenbahnlinie Leipzig–Hof über die Weiße Elster bei Jocketa. Die andere, bei der rund 26 Millionen Ziegel verbaut wurden, gilt als die größte Ziegelsteinbrücke der Welt. Sie führt den Personen- und Güterverkehr über das Tal der Göltzsch zwischen Reichenbach und Netzschkau.

Dass der Konstrukteur dieser 78 Meter hohen Göltzschtalbrücke, eben jener sächsische Bauingenieur Schubert, nicht zu den geladenen 200 Gästen der Einweihungsfeier gehörte, war vor allem dessen Sympathie für die März-Revolutionen 1848 in Frankreich und Deutschland geschuldet. Schon immer verlangte die Obrigkeit in Sachsen Gehorsam. So verwundert es nicht, dass das Königreich Sachsen zu den Kleinstaaten gehörte, die die im März 1849 von der Nationalversammlung in der Frankfurter Paulskirche formulierten Grundrechte auf Presse- und Meinungsfreiheit, Versammlungs- und Glaubensfreiheit, Unverletzlichkeit der Person und des Eigentums sowie den Schutz vor staatlicher Willkür nicht anerkannten.

Göltzschtalbrücke

In Dresden, wo Johann Andreas Schubert auf dem Inneren Matthäusfriedhof begraben liegt, machte in jüngerer Zeit eine Brücke von sich reden, deren Namen zur Verniedlichung neigt, obgleich deren Ausmaß im übertragenen Sinne die Landeshauptstadt Dresden mit ihrer Kulturlandschaft Elbtal 2009 um den Titel als *Weltkulturerbe* brachte: die Waldschlößchenbrücke. Bereits der Baubeginn des 2013 fertiggestellten vierspurigen Bauwerks, als eine das Zentrum entlastende Verkehrsader, bedeutete für die Kulturwächter der UNSECO mehr als einen Eingriff in den Naturraum. Schwerer noch wiegt die Zerstörung eines Flächennaturdenkmals.

Dessen ungeachtet hat sich der bekannte Canaletto-Blick erhalten. Die tragende Achse des Bildes *Dresden vom rechten Elbufer unterhalb der Augustusbrücke* von Bernardo Bellotto, genannt Canaletto (1722–1780), ist die Augustusbrücke, die das Bindeglied zwischen Alt- und Neustadt darstellt. Als Gestalter ihrer heutigen barocken Form gilt auch hier Matthäus Daniel Pöppelmann. Erwähnt wird die ursprüngliche Verbindung über die Elbe urkundlich bereits um 1230. Nach einer umfänglichen und bis zum Sommer 2021 andauernden Sanierung der Brücke und dem baulichen Ensemble mit Frauenkirche, Hofkirche, Residenzschloss und Brühlscher Terrasse bietet sie – mit der Sicht vom rechten Elbufer aus – wieder die Entsprechung des Bellotto-Gemäldes, das um 1748 datiert und in der *Gemäldegalerie Alte Meister* zu sehen ist. Zu erkennen ist auf dem Gemälde überdies, dass der Dresden-Besucher der Einrüstung von Gebäuden nicht entgehen kann. Der Hofmaler Bellotto hat die Katholische Hofkirche sozusagen vorab ins Bild gesetzt und dabei Zeichnungen des italienischen Baumeisters Gaetano Chiaveri (1689–1770) verwendet. Sie wurde erst 1755 fertiggestellt und zum Teil auch anders ausgeführt.

Augustusbrücke

Canaletto-Gemälde und -Blick

Die Dresdner Stadtteile Blasewitz und Loschwitz, Ortsnamen, die auf die frühere sorbische Besiedlung hinweisen, verbindet seit 1893 eine schwingungsfreie Hängebrücke von rund 280 Meter Gesamtlänge. Die Spannweite zwischen den uferseitigen Pfeilern beträgt etwas mehr als 141 Meter. Konstruiert hat die zweispurige Straßenbrücke der Ingenieur Claus Koepcke (1831–1911), Sohn eines Elbschiffers. Sie trägt den Namen *Loschwitzer Brücke.* Bekannt aber ist sie, ob ihres hellblauen Anstrichs, als *Blaues Wunder.* Als eines der Dresdner Wahrzeichen steht sie für die hohe Ingenieurleistung zu dieser Zeit, denn die genietete Stahlbrücke musste ohne Pfeiler im Flussbett auskommen und galt deshalb als ein Wunder. Zur Einweihung wurde auch die elektrische Straßenbahnlinie über die Brücke geführt. Fahrgäste, Fußgänger, Führer von Fuhrwerken und Automobilien zahlten bis ins Jahr 1924 ein Brückengeld, das zwischen zwei und 20 Pfennigen betrug. Einnahmen, die 1935 die Erweiterung um separate Gehbahnen ermöglichten. Um die Brücke als Technisches Denkmal zu entlasten, wurde die Straßenbahnführung nach und von Pillnitz 1985 eingestellt und der Lastenverkehr gedrosselt. Ihr Taufname *König-Albert-Brücke*

Loschwitzer Brücke

geriet übrigens schnell in Vergessenheit. Dass es mehrere Dresdner Bürger vermochten, die von der Deutschen Wehrmacht beabsichtigte Sprengung der Brücke am 7. Mai 1945 zu verhindern, grenzte dann abermals an ein Wunder. Gedankt haben es ihnen die Nachkommen mit einer Gedenktafel. Überdies sind zwei weitere Besonderheiten in diesem Dresdner Areal zu erleben: die Schwebebahn und die Hochseilbahn. Erstere wurde 1901 in Betrieb genommen und gilt gleichermaßen als Zeugnis der Ingenieurbaukunst. Oben angekommen, bietet die Station der Hängebahn einen einzigartigen Blick auf das *Blaue Wunder* und den Loschwitzer Grund.

Von Dresden aus ist die Anbindung zum Nationalpark Sächsische Schweiz zu Wasser, Schiene oder Straße gegeben. Im Basteigebiet, das durch das 305 Meter hohe Bergareal Bastei bestimmt wird, gehört die Basteibrücke zu den bevorzugten Ausflugszielen. Als *Pastey* wird das Felsmassiv 1592 erstmals schriftlich erwähnt und als Aussichtspunkt Teil der weiteren touristischen Erschließung. Auf Künstler der Romantik wie Caspar David Friedrich und Adrian Ludwig Richter, die das Elbsandsteingebirge als Motiv für ihre Kunst wählten, geht die Bezeichnung *Malerweg* zurück, eine der schönsten Wanderrouten Deutschlands. Seit 1841 führen aus dem Wehlgrund fast 500 Stufen hinauf zur Bastei.

Basteibrücke

Die nach der Sanierung zur Spielzeit 2022 wiedereröffnete Felsenbühne Rathen, die seit 1936 besteht und als Naturbühne ein vielfältiges Programm für Kinder und Erwachsene bietet, lädt in den Sommermonaten zu Inszenierungen von Märchen, Opern, Musicals sowie zu Konzerten ein. Nachgerade beliebt sind in dieser Kulisse die Adaptionen von Karl Mays Abenteuerromanen, allen voran die Geschichten um Winnetou und Old Shatterhand. Bereits zweimal durfte ich auf der Felsenbühne Carl Orffs *Carmina Burana* erleben. Gebannt von der Aufführung entdeckte ich erst im Nachhinein über den Chören die Bühnenbrücke, die sich ganz selbstverständlich in das Felsensemble einfügt.

Die Fähre im Kurort Rathen, für viele der »schwimmende Weg« zur Felsenbühne

Eine andere Art von Brücke ist die aus Feldsteinen und Basalt, gebrochen in der Sächsischen Schweiz, gebaute Bogenbrücke über dem Rakotzsee. Sie und die dazugehörige Grotte wurden zwischen 2019 und 2021 einer umfassenden Sanierung unterzogen. Die Spiegelung des Brückenrunds auf dem Wasser lässt einen vollständigen Kreis entstehen. In Auftrag gegeben hat die nach dem See benannte Rakotzbrücke der Gutsbesitzer Friedrich Hermann Rötschke (1805–1893), dieser ließ – angeregt vom Landschaftsarchitekten Fürst Pückler im nahen Muskau – den Kromlauer Park im ausgehenden 19. Jahrhundert als Landschaftspark im englischen Stil anlegen. Der ausgewiesene Naturfreund wurde der »kleine Pückler« genannt. Die später gepflanzten winterfesten Rhododendren und Azaleen prägen gerade im Frühjahr die Schönheit des Parks. Im Herbst leuchtet das Gelb der zu Rötschkes Zeiten gepflanzten Tulpenbäume. Mit der

Inflation von Influencern avancierte die zwischen 1863 und 1882 gebaute und 2021 vollständig sanierte Rakotzbrücke, deren Baukörper auch Stelen und Säulen zieren, die teilweise der Anordnung von Orgelpfeifen gleichen, zu einem der bekanntesten Fotomotive Sachsens.

Brücken sind die tragenden Verbindungen dieses Exkurses von Torgau nach Görlitz und bilden eine zweite Ebene dieser Sachsentour. Als nicht minder sinnbildlich gilt somit die Brücke am Schluss des Ausflugs. Eine Brücke, die zum Innehalten über der Neiße einlädt und seit dem Neubau 2004 die getrennten Städte Görlitz und Zgorzelec, die Länder Polen und Deutschland verbindet. Die neue Altstadtbrücke (Most Staromiejski), deren Vorgänger bis ins Jahr 1525 zurückreichen, ist an beiden Enden offen. Die Begegnung der Menschen zweier Nationen in dieser wiedervereinten Stadt, die seit 1998 den Namen Europastadt trägt, ist immanent und nunmehr schon Jahrzehnte vom Völkerfrieden geprägt.

Rakotzbrücke (oben) und Altstadtbrücke Görlitz (unten)

Dank sage ich meiner Lektorin Anja Kästle für die Genauigkeit und die Geduld, ebenso Frank Liebsch, dem Kaufmännischen Leiter des Verlags, für die Kooperation. Gleichfalls bedanke ich mich bei den Vertreterinnen und Vertretern aller Einrichtungen, die ich besuchen und studieren durfte. Die Arbeit an diesem Buch ließ mich vielen hilfsbereiten und aufgeschlossenen Menschen begegnen. Nicht zuletzt bedanke ich mich bei meiner Frau, dass sie mir bei diesem Projekt so hilfreich zur Seite stand.